중고생을 위한

# 성경적 성교육

# 중고생을 위한 성경적 성교육

지은이 | 이진아
초판 발행 | 2024. 4. 24
등록번호 | 제1988-000080호
등록된 곳 | 서울특별시 용산구 서빙고로65길 38
발행처 | 사단법인 두란노서원
영업부 | 2078-3352 FAX | 080-749-3705
출판부 | 2078-3331

책 값은 뒤표지에 있습니다.
ISBN 978-89-531-4836-9 03230

독자의 의견을 기다립니다.
tpress@duranno.com http://www.duranno.com



두란노서원은 바울 사도가 3차 전도여행 때 에베소에서 성령 받은 제자들을 따로 세워 하나님의 말씀으로 양육하던 장소입니다. 사도행전 19장 8-20절의 정신에 따라 첫째 목회자를 돕는 사역과 평신도를 훈련시키는 사역, 둘째 세계선교(TIM)와 문서선교(단행본·잡지) 사역, 셋째 예수문화 및 경배와 찬양 사역, 그리고 가정·상담 사역 등을 감당하고 있습니다. 1980년 12월 22일에 창립된 두란노서원은 주님 오실 때까지 이 사역들을 계속할 것입니다.

중고생을 위한 **성경적 성교육**

이진아 지음

PURITY

두란노

1/

# 다음 세대가 꼭 알아야 할 성 이야기

2/

## 중고생을 위한 성교육 6주 과정

3/

## Purity Teacher Guide 6-Week Education

저자는 십 대의 성적 순결을 위해 헌신한 사역자이다. 그는 이 책에서 하나님이 만드신 성의 아름다움, 그리고 적절한 때와 경계를 넘어선 잘못된 성관계의 위험을 알려 준다. 이 책은 순결의 필요성과 유익, 거룩의 아름다움과 즐거움, 그리고 거룩이 제공하는 안전과 복된 미래를 제시한다. 이 책은 단순히 저자의 머리에서 나온 이론서가 아니다. 저자가 수많은 청소년에게 성경적 성교육과 순결 교육을 실시해 온 과정에서 태어난 탁월한 작품이다. 이 책은 가정과 교회학교에서 부모와 십 대 자녀가 함께 공부하도록 준비된 교재이다. 이 땅의 모든 십 대들의 밝은 미래를 위해 사용되는 보석 같은 교재로 자리잡기를 바란다.

- 강준민 목사(새생명비전교회 담임)

오늘날 '십 대 자녀 성교육'은 그리스도인 부모에게 초미의 관심사입니다. 우리 아이들은 갈수록 강력해지는 비성경적 문화에 노출되어 있기 때문입니다. 부정할 수 없는 현실입니다. 미디어가 아이들에게 심어 주는 잘못된 성 가치관은 매우 강력합니다. 이미 젊은이들 사이에 혼전 순결은 비웃음거리가 되었습니다. 동성애는 인권으로 포장되고 있습니다. 아이들을 향한 첨예한 영적 전쟁이 현실로 다가왔습니다. 교회는 더이상 성교육을 뒤로 미뤄둘 수 없습니다.

그래서 지난 2년간 수영로교회는 '십 대를 위한 성경적 성교육'을 'PURITY 가족캠프'로 진행했습니다. 수많은 가정이 변화되었습니다. 기능적 성교육이 아닌, 가족과 함께 정체성을 회복하는 시간이었기 때문입니다. 강의와 함께 진행되는 활동과 체험은 보고 듣고 느끼는, 살아 있는 교육이었습니다. 특별히 가족이 함께 초음파 사진을 보고 대화하는 시간에는 막혔던 관계의 통로가 열렸습니다. 부모도 자녀도 신선한 충격과 도전을 받았습니다.

'모든 교회에 필요하다!' 2년간 사역을 진행하면서 얻은 결론입니다. 변화는 일어납니다. 우리 자녀들은 순결한 세대로 성장할 수 있습니다. 이제 반격의 시간입니다. 이 책을 통해 성경적 가치관을 자녀들의 마음에 심을 수 있습니다. 이 책을 통해 교회마다 거룩한 세대가 세워지길 기대합니다.

- 김기억 목사(수영로교회 가정사역 총괄)

많은 부모와 교회들이 성교육의 중요성을 알면서도 선불리 시도하지 못하고 있다. 더욱이 성경적인 성교육에 대해서는 더욱 막막해한다. 이런 고민이 있는 분들에게 이 책을 추천한다. 아이들과 함께 책을 읽다 보면 그리스도인으로서 성에 대해 어떤 생각과 자세를 가져야 할지 명확하게 알게 될 것이다. 사역과 자녀 양육을 통해 다져진 저자의 노하우와 성경 말씀을 바탕으로 잘 구성된 이 책이 우리 아이들을 세상 앞에 믿음으로 당당히 세우는 디딤돌이 되기를 바란다.

_김병삼 목사(만나교회 담임)

우리가 살고 있는 남가주에서는 공립학교에서 의무적으로 '포괄적 성교육'(comprehensive sexual education)을 실시한다. 그로 인해 다음 세대의 성 정체성이 혼란을 겪고 있으며 더 나아가 십 대 자녀를 둔 많은 가정이 고통을 당하고 있다. 때마침 출간된 이진아 전도사의 책은 북아메리카 디아스포라 한인교회들뿐 아니라, 미국의 교육제도에 직간접으로 영향을 받고 있는 한국의 성교육에도 큰 도움을 줄 것이라 확신한다.

미국에서 일고 있는 성 정체성의 혼란은 단순히 문화 전쟁을 넘어 교회를 흔드는 치열한 영적 전쟁이다. 이 책은 그런 영적 전쟁에서 승리하는 방법을 가르쳐 준다. 단순한 이론에 그치지 않고 가정과 교회에서 실행할 수 있는 교육과정까지 제시하고 있어 더욱 활용도가 높다. 이 책이 우리 자녀들을 지키고 나아가 주의 몸 된 교회를 거룩과 성결로 지키는 일에 귀하게 쓰일 것이라 믿는다. 강단 뒤에서 말씀으로 자녀들을 가르칠 뿐만 아니라, 친히 몸으로 전쟁터에 뛰어들어 현장에서 땀 흘리는 이진아 전도사를 기도로 응원한다. 또한 이 일에 같은 마음으로 헌신하는 모든 사역자에게 이 책이 용의주도한 무기로 사용되기를 소망한다.

– 김한요 목사(얼바인 베델교회 담임)

이 시대는 세상적인 성 지식으로 충만하다. 사탄은 성을 무기로 삼아 크리스천 청년과 청소년을 무너뜨리고 있기에 어릴 적부터 성경적인 성을 가르쳐야 한다. 이 책은 이 땅의 십 대들에게 재미있고도 유익하게 다가가는 성교육 교재이다. 따라서 교회학교나 가정에서 자녀와 함께 공부할 수 있는 장점이 있다. 십 대가 성경적인 성교육을 통해 자기를 지키고, 건강한 데이트를 하며, 믿음 위에 든든히 성장해 가기를 바란다.

- 박수웅 장로(가정사역자 /《우리 사랑할까요?》 저자)

성경적 성교육은 우리가 하나님의 형상으로 지음받은 존귀한 존재이며, 우리 몸의 주인은 하나님이시라는 것을 가르쳐 줍니다. 그리고 성교육이 지루하고 따분하며 어색하고 부끄러운 것이 아닌, 하나님 안에서 무엇이 옳고 그른지를 재미있는 활동들을 통해 가르쳐 줍니다. 무엇보다도 가장 큰 장점은 하나님이 우리에게 주신 말씀으로 가정과 함께 교육하다 보니 가정이 회복된다는 것입니다. 부모님과 성에 대해 이야기하는 것을 어색해하던 친구들은 이제 부모님에게 궁금한 것을 물어 보고 조언을 얻습니다.

아이들은 한 주 한 주 교육의 시간을 거치며 변화했고, 저와 선생님들은 아이들의 급격한 변화에 너무나도 놀라 의아하기도 했습니다. 앞으로 말씀 안에서 귀한 프로그램들을 통해 변화될 아이들의 모습이 기대됩니다.

-이요한 목사(아름빛교회 소년부 담당)

다음 세대에게 가장 필요한 건 말씀대로 사는 법을 가르치는 것입니다. 특히 성경적 성교육의 중요성은 아무리 강조해도 지나치지 않습니다. 세상이 온통 왜곡된 성 개념에 사로잡혀 있습니다. 교회와 가정에서 성경적 성교육을 가르치지 않으면, 다음 세대는 세상의 메시지가 진리인 줄 알게 됩니다. 말씀이 기준이 되어야 이 세상을 올바르게 볼 수 있습니다. 이 책은 하나님이 각각 다른 성을 주신 목적을 알려 주고, 성경에서 성에 대한 답을 찾도록 이끌어 줍니다. 하나님은 자녀들이 거룩하며 순결하게 살기를 원하십니다. 다음 세대가 이 세상 풍조를 좇지 않고 하나님의 말씀을 따르며, 건강하고 밝은 미래를 열어 가기를 간절히 기도합니다.

- 이찬수 목사(분당우리교회 담임)

기독교적 성교육이 조롱의 대상이 되고 있는 요즘이다. 이진아 전도사는 지난 10년이 넘는 시간 동안 어린이 제자훈련뿐 아니라 성경적 관점의 성교육에 헌신해 온 전문가이다. 이 책을 통해서 우리 아이들이 하나님이 만드신 올바른 성을 접하고, 나아가 하나님의 계보를 잇는 가정을 만들게 되기를 기대하고 기도한다.

- 차인표, 신애라(배우)

성은 하나님이 만드신 가장 아름다운 창조 작품입니다. 그러나 죄가 세상에 들어왔을 때 부부임에도 서로의 부끄러운 부분을 제일 먼저 가림으로써 성은 자연스럽게 죄스럽고 수치스러운 것으로 인식되었습니다. 하지만 하나님은 죄를 범한 아담과 하와를 갈라놓지 않으셨고, 그들이 건강한 성생활을 통해 생육하고 번성하게 하셨습니다. 하나님이 성생활을 보호하셨다는 뜻입니다. 하나님이 부부의 성을 얼마나 귀하게 여기시는지를 알 수 있는 부분입니다. 그런데도 아직도 교회 안에서 제대로 된 성교육을 하는 것을 부끄럽게 여기는 경향이 있습니다. 저자는 오랜 세월 동안 교회 안에서 다음 세대와 부모에게 성경적 성교육을 가르쳐 온 전문가입니다. 저자의 강의는 매우 탁월합니다. 감사하게도 그 강의가 책으로 세상에 나왔으니 너무 반가운 소식입니다. 부디 이 책이 많은 사람에게 전해져 읽히기를 소원합니다. 가장 중요한 교육이지만 아무나 섣불리 할 수 없었던 이 강의를 사명으로 감당해 온 저자의 수고에 박수를 보냅니다.

- 최병락 목사(강남중앙침례교회 담임)

---

'성경적 성교육' 프로그램을 수료한 분들의 추천사

• 학생 •

God had plans for me even when I was a single cell and even though I don't know what it is yet I have the Holy Spirit and it will guide me. From now on I will live in purity and take care of my body because Christ lives in me.
내가 단 하나의 세포였을 때에도 하나님께는 나를 향한 계획이 있었습니다. 그것이 무엇인지 완벽하게는 모르지만 내 안에는 성령님이 계시며, 그분이 나를 인도하실 거라는 사실만은 확실합니다. 예수님이 내 안에 계시다는 확신이 있기에 앞으로 나는 내 몸과 마음의 순결을 지키며 살겠습니다.

- 빈센트 김(Vincent Kim)

I think that was really helpful because we learned that changes to are bodies aren't just changes but also blessings. I also learned that pro-life is right and you shouldn't abort your own child that God has blessed you with. All of us

also learned how to become a Godly man and woman. I can apply all of this to my life by cherishing my body and remembering what our mothers did and went through to have us. Also, we should remember that God loves us and he is always watching over us.
이 프로그램을 통해 나는 신체의 변화가 단순한 성장이 아니라 하나님이 주신 축복이라는 사실을 배웠습니다. 나는 Pro-Life(낙태 반대운동)를 통해 하나님이 축복으로 주신 자녀를 낙태해서는 안 된다는 것을 알게 되었고 하나님의 현숙한 여자, 믿음의 남자로 성장하는 과정을 배웠습니다. 나는 엄마가 지금의 내가 있도록 수고하신 것을 기억하며 내 몸을 소중히 여기게 되었습니다. 이 교육을 통해 알게 된 모든 것을 내 삶에 적용할 것입니다. 하나님은 우리를 너무 사랑하시고 언제나 지켜보고 계신다는 것을 기억할 것입니다.

- 케이티 최(Katie Choi)

One of the most astonishing things that I've learned is certainly the fact that people often confuse themselves and are mistaken to make a wrong choice about life, such as abortion, without understanding that every life has a spirit and it is God's right. Truthfully, I realize that this program was very useful in teaching teenagers like myself about some of the touchy subjects such as love, marriage, and sex. More importantly, I learned about so many subjects that I never knew which I will come across through my teenage life and how God's words speak for me.
제가 배운 가장 놀라운 것 중 하나는 많은 사람이 실수로 생긴 태아에 대하여 잘못된 판단, 즉 낙태를 쉽게 결정한다는 사실이었습니다. 낙태는 사람의 권리가 아닙니다. 사람의 생명은 하나님이 주관하십니다. 태아에게는 생명과 함께 영혼도 있습니다. 십 대인 제가 사랑, 결혼, 섹스 등 아주 어려운 주제를 잘 이해할 수 있었던 유용한 시간이었습니다. 그리고 이런 주제보다 훨씬 더 중요한 가르침, 하나님이 나에게 주시는 말씀과 앞으로 내가 뚫고 가야 할 문제들에 대해 배우는 귀한 시간이었습니다.

- 팀 변(Tim Byun)

• 학부모 •

사랑하는 막내딸이 성교육 프로그램을 수료한 후 달라진 모습(태도)이 있다면 하나님이 주신 생명의 소중함과 그 가치를 배웠다는 것과 부모님께 감사할 줄 알고 사랑에 대한 표현이 잦아졌다는 것입니다. 이 교육은 부모와 자녀가 함께 기도할 수 있게 해준 소중한 예배의 시간이었습니다. - 문성범

이번에는 작은아이가, 2년 전에는 큰아이가 이 프로그램을 수료하였습니다. 어느새 7학년이 된 큰아이가 얼마 전 Sit-out(잘못된 성교육에 항의하는 표시로 학교 등교를 거부하는 운동)을 했습니다. 친구들과 SNS 메시지를 통해 그 이유를 이야기하는데, 하나님의 말씀이 절대적 진리이고 순종해야 함을 고민하지 않고 답하는 걸 보았습니다. 성경적인 성교육은 우리 아이들에게 건강한 성 정체성과 신앙을 갖고 이 세상에서 살아갈 수 있도록 전신갑주를 입히는 필수적인 프로그램임을 확신하게 되었습니다. - 이명선

성장해 가는 자녀에게 어떻게 성교육하면 좋을까 고민하던 중 베델교회 어린이 성교육 프로그램을 만나게 되었습니다. 이 프로그램은 하나님이 말씀하시는 성에 대한 개념을 아이들에게 명쾌하고 탁월하게 심어 주었고, 크리스천으로서 혼탁해져 가는 성문화에 어떻게 대처하며, 순결함을 지킬 수 있는지 아는 데 큰 힘이 되었습니다. 우리 가정에 최고의 선물이었습니다! - 이은우

이 책은 십 대들의 호기심을 성경적 관점에서 다루면서도 아이들 눈높이에 맞췄을 뿐 아니라, 결코 진부하지 않은 내용으로 진행된다. 각 과마다 누구나 부담 없이 접근할 수 있는 내용들을 소개함으로써 '아! 이렇게 가르칠 수도 있구나!' 하는 신선한 재미와 감동까지 선사한다. 수년간 검증된 노하우로 만들어진 교재이니만큼 한국교회와 이민교회 그리고 전 세계 열악한 선교지에서도 건강한 다음 세대를 세우기 위한 귀한 자료로 활용되기를 바라는 마음 간절하다. 이 책을 통해 "땅에 있는 성도들은 존귀한 자들이니 나의 모든 즐거움이 그들에게 있도다"(시 16:3)라는 말씀처럼 수많은 다음 세대가 존귀한 자이자 거룩한 백성으로 거듭나 하나님 나라가 더욱 확장되기를 바란다.

- 케빈 마(Kevin Ma, 성교육 교사)

# 다음 세대의 마음에 성경적 가치관이 새겨지기를

현대 사회로 들어오면서 빠른 교통수단과 정보 통신 기술의 발전으로 일상생활은 편리해졌지만, 정치, 문화, 교육 등 많은 분야가 더 음란해지고 세속화되었습니다. 사탄은 사람들이 영적인 생각을 하지 않고 돈, 섹스, 명예, 성공을 정신없이 좇도록 유혹하는데 대성공했습니다. 사탄은 이 일을 위해 외설적인 내용의 대중음악, 음란물, 동성애, 마약, 난잡한 성교육 등을 사용하여 왜곡된 성 개념을 다음 세대의 마음에 주입시키고 있습니다.

제가 다음 세대 사역을 한 지 21년째입니다. 그동안 하나님을 경험하고 헌신하다가 영적으로 바닥을 치고 교회를 떠나는 수많은 다음 세대를 보았습니다. 한때는 그렇게 열심히 하나님께 헌신하고 하나님만으로 만족하며 살던 아이들이 사춘기가 되면서 하나님을 멀리합니다. 90퍼센트 이상이 성 문제 때문이었습니다. 이성 친구와의 선을 넘은 관계, 음란물로 인한 죄책감, 혹은 동성과의 성관계 등으로 수많은 아이가 눈물을 흘리고 있습니다.

종교개혁을 이룬 마르틴 루터는 하나님이 성을 주신 유일한 이유는 아기를 갖기 위함이라고 생각했기에, 성관계는 출산의 목적을 위해서 부부간에서만 이루어져야 한다고 했습니다. 그렇다 보니 20세기 초반에는 '성은 더러운 것'이라는 잘못된 생각이 교회에 들어왔고, 현대사회로 오기까지 교회에서는 성에 관련된 이야기는 하지 않는 것이 옳다는 생각이 주를 이루게 되었습니다. 그래서 대부분의 교회들이 성 문제만큼은 침묵을 지키고 있습니다. 크리스천 가정에서도 성에 관한 이야기는 대체로 함구합니다. 어떤 부모는 자녀가 이에 관해 물어볼까 두려워하기도 합니다. 사탄은 이러한 무지함을 타고 다음 세대를 공격하고 있습니다. 교회에서도 가정에서도 성 문제를 다루지 않는 상황이다 보니, 사탄은 너무 쉽게 다음 세대를 무너뜨릴 수 있는 도구를 손에 쥐고 말았습니다.

그런 의미에서 성교육은 누가 먼저 자녀들의 마음을 사로잡느냐가 관건입니다. 이제 부모가 선택해야 합니다. 부모가 먼저 자녀에게 성교육을 시키지 않으면 자녀들은 언젠가 세상의 다른 통로를 통해 성을 알게 됩니다. 자녀 안에 건강한 성경적 성교육이 먼저 자리 잡는다면 세상이 주는 잘못된 성 가치관을 밀어낼 수 있습니다.

저는 오래 전부터 '어떻게 하면 부모와 교회가 함께 다음 세대에게 성경적 성교육을 알려 줄 수 있을까?'를 고민했고, 성경적 성가치관과 성교육을 가르치고자 많은 책과 자료를 통해 공부하고 연구했습니다. 2012년부터 다음 세대를 대상으로 성교육을 시작했고, 2016년 얼바인 베델교회에서 본격적으로 성경적 성교육으로 다음 세대들을 훈련했습니다.

성경적 성교육은 왜곡된 성의 개념을 바로 잡고, 자녀들의 정체성을 회복시키며, 나아가 그들이 미래에 건강한 가정을 꾸리도록 돕습니다. 성경적 성교육은 새로운 가르침이 아니라 기본으로 돌아가자는 운동입니다. 하나님이 성을 창조하셨기에 성에 관한 질문은 항상 성경으로 돌아가야 답을 얻을 수 있습니다. 우리는 기억해야 합니다. 순결을 지켜야 하는 이유가 단순히 임신이나 성병의 문제 때문만이 아닙니다. 하나님이 만들어 놓으신 경계(바운더리)를 넘어서 즐기는 성의 쾌락은 잠깐의 즐거움을 위해 서로를 이용하는 것이며, 결국에는 서로를 파괴하는 결말을 맞이하게 됨을 알아야 합니다.

하나님은 남자와 여자를 창조하셨을 때 결혼이라는 테두리 안에서 둘만이 누릴 수 있는 성의 즐거움도 함께 창조하셨습니다. 하나님은 우리가 일시적인 쾌락이 아니라 결혼 제도 안에서 평생 만족과 기쁨을 얻는 멋진 성을 경험하기를 원하셨습니다. 한 남자와 한 여자가 온전하게 순결을 지켰을 때만 최고의 만족을 누릴 수 있습니다.

하나님은 자녀들에게 거룩하며 순결하라고 명령하십니다. 구원받은 하나님의 자녀답게 살기를 원하십니다. 하나님의 자녀가 거룩을 잃어버릴 때 영적 권위가 없어지는 것을 사탄은 너무 잘 압니다. 반대로 순결한 삶으로 거룩을 추구하며 사는 하나님의 자녀는 사탄이 두려워할 수밖에 없습니다. 이제는 자녀들에게 바른 성경적 가정관을 심어 주기 위해 부모와 교회가 협력하여 가르쳐야 합니다.

이 책은 하나님이 남녀에게 각각 다른 성을 주신 목적을 뚜렷이 알게 합니다. 그리고 하나님이 만드신 결혼 제도 속에서 자녀를 낳아 하나님의 가르침을 자손 대대로 가르치며 양육하는 것이 하나님의 명령이며 축복임을 가르칩니다. 이 책을 통해 믿음 위에 든든히 서는 건강하고 행복한 가정, 교회, 더 나아가 사회가 되기를 기도합니다. 이 책은 전문가뿐만 아니라 가정이나 교회, 어느 단체든지 쉽고 재미있게 다음 세대에게 성경적 성교육을 가르칠 수 있도록 만들었습니다.

2019년에 《십 대를 위한 성경적 성교육》을 출간한 뒤 많은 것들이 빠른 속도로 변화되었습니다. 다음 세대에게 좀더 다가가는 성교육을 하기 위해 초등학교 고학년용과 중고생용으로 나누어 출간하게 되었습니다. 다음 세대가 성경적 가치관을 마음에 새기고 순결한 믿음의 여성과 남성으로 훈련되기를 기도합니다. 또한 다음 세대가 거룩한 기준을 가지고 말씀 중심으로 선과 악을 구별하며, 하나님을 경외하며 살기를 기도합니다.

2024년 4월

이진아

# 1

# 다음 세대가 꼭 알아야 할 성 이야기

— 01

# 성교육이 세계관 교육이라고?

## 성경적 세계관과 세속적 세계관

모든 사람은 세계관을 가지고 있습니다. 어릴 때부터 부모에게 받은 가정교육을 비롯하여, 학교, 교회, 또래 관계, 각종 미디어 등을 통해 받은 영향이 한 사람의 세계관을 형성합니다. 세계관은 인간이 살아가는 데 아주 중요한 부분을 차지합니다. 세계관이 생각을 형성하고, 그 생각이 가치관을 형성합니다. 그리고 가치관에 따라 행동이 나타납니다. 이렇게 비슷한 행동을 하는 사람들이 모

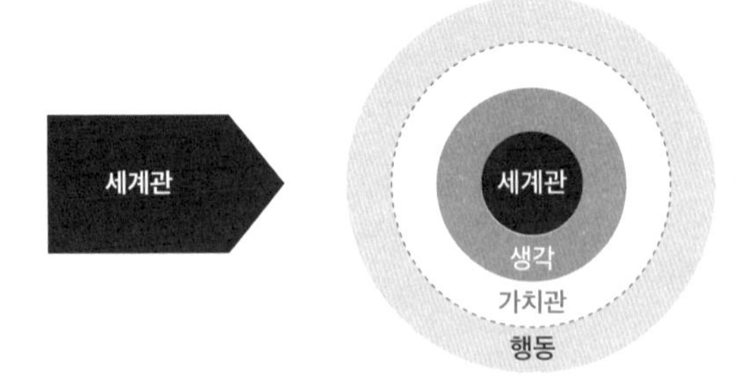

이면 문화를 형성합니다. 어떠한 세계관을 가졌는지에 따라 이 세상을 올바로 볼 수도 있고 사탄이 만든 거짓의 안경에 속을 수도 있습니다.

이 세상에는 두 가지 세계관이 존재합니다. 성경적 세계관과 세속적 세계관입니다. 중간은 없습니다. 세속적 세계관이 지금까지 사람이 만든 다양한 논리를 믿는 것이라면, 성경적 세계관은 성경이 절대 진리임을 믿는 것입니다. 사람이 진리를 정하는 것이 세속적 세계관이라면, 하나님이 우리에게 주신 말씀이 진리임을 믿는 것이 성경적 세계관입니다. 세속적 세계관은 시대마다 바뀌지만, 성경적 세계관은 바뀌지 않는 진리 곧 말씀입니다. 그러므로 이 두 세계관은 충돌할 수밖에 없습니다. 그리고 다음 세대가 살아가야 할 앞으로의 세상에는 더 치열한 세계관 전쟁이 있을 것입니다. 따라서 부모는 자녀들이 어릴 때부터 성경적 세계관을 교육해야 합니다. 이 세상에서 일어나는 모든 일을 말씀의 렌즈로 바라보며 분별할 수 있도록 훈련시켜야 합니다.

우리는 자녀들이 과학기술이 눈부시게 발달하고 자원도 풍요로운, 편하고 좋은 세상에 살고 있다고 생각합니다. 과연 현대 사회가 좋은 세상이라고만 할 수 있을까요? 세상이 더 좋아졌는데 왜 우리 자녀 세대는 집단 따돌림, 미디어 중독, 포르노 중독, 약물 중독, 각종 범죄, 우울증, 자살, 십 대 임신, 성폭행 등 수많은 문제로 몸살을 앓고 있을까요? 그들은 아주 어린 나이 때부터 폭력적이고 선정적인 영상 매체에 노출되어 있습니다. TV 드라마, 인터넷 광고, 웹툰, 웹소설, 여러 SNS, 유튜브 등이 쏟아내는 무분별한 미디어로부터 공격받습니다. 현대의 문화는 그야말로 쓰나미가 되어 다음 세대를 덮쳤습니다. 우리 자녀들은 세속적 세계관으로 매일 세뇌당하고 있습니다. 따라서 자녀들에게 꼭 가르쳐야 할 것은 성경적 세계관입니다.

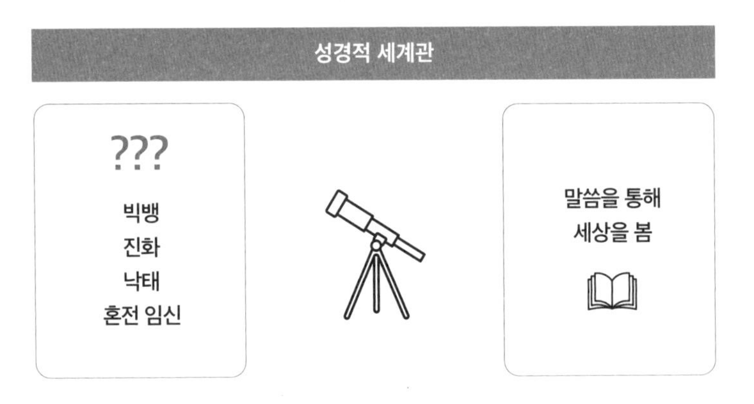


성경적 세계관을 가지고 있으면 주위에서 일어나는 모든 일을 말씀을 통해 볼 수 있습니다. 그래서 말씀과 모순된 것은 진리가 아님을 알게 됩니다. 빅뱅과 진화론은 과연 옳은 이론일까요? 낙태는 여자의 권리이기 때문에 존중해 주어야 하고, 마땅히 그와 관련한 의료 서비스를 제공해야 합니까? 혼전 순결은 꼭 지키지 않아도 괜찮을까요? 동성애는 법적으로 인정해 주어야 할까요? 세상에서는 생각지 못한 문제가 수도 없이 벌어집니다. 그 많은 문제를 어떤 자세로 받아들이느냐는 어떤 세계관을 갖고 살아가느냐에 따라 달라집니다.

성경적 세계관으로 무장하면 성경적 가치관으로 문제를 바라볼 수 있습니다. 성경적 세계관을 통해야만 내가 진짜 누구인지, 왜 내가 이 세상에 존재하는지를 알게 됩니다. 하나님이 세상에 나를 보내신 목적을 깨닫게 됩니다. 성에 관한 문제를 바라볼 때도 마찬가지입니다. 성경적 세계관을 통해야만 하나님의 창조 질서, 가정을 만드신 하나님의 목적, 생명의 소중함, 순결의 정의를 깨닫게 되는 것입니다. 이처럼 올바른 세계관이 올바른 정체성을 만듭니다. 말씀이 기준이 되어야 이 세상을 올바르게 볼 수 있습니다. 따라서 성교육은 세계관 교육입니다.

## 미국 공립학교에 들이닥친 사탄교

미국에서 사탄교가 정식으로 설립된 것은 1966년경입니다. 공립학교에서 기도와 성경적인 교육이 빠지고 난 3년 뒤입니다. 안톤 샨도르 르베이(Anton Szandor LaVey)라는 사람이 캘리포니아에 사탄교회(Church of Satan)를 설립하면서 사탄교가 시작되었습니다.

사탄교의 핵심 신앙과 철학은 개인주의, 쾌락주의, 세속주의, 자기중심주의, 그리고 자신을 신격화 · 우상화하는 것입니다. 기독교에 십계명이 있는 것처럼 사탄교에도 아홉 가지 신앙 고백이 있습니다. 그중에 몇 가지만 살펴보면 이렇습니다.

> 첫째, 절제가 아닌 탐닉을 추구한다. 눈에 보이는 것으로 생존하고 보이지 않는 영적 세계에 관심을 두지 말라. 둘째, 사탄은 자격 있는 사람에게는 친절해도 불필요한 사람에게는 사랑을 낭비하지 않는다. 셋째, 한쪽 빰을 맞으면 다른 쪽을 내주는 게 아니라 확실하게 복수해 준다. 넷째, 사람은 단지 동물 중 하나일 뿐임을 가르친다. 사람은 동물보다 잘난 것이 없

으며 동물만도 못할 때가 많다. 다섯째, 사탄교는 세상에서 말하는 모든 죄악을 대표한다. 죄의 달콤함으로 모든 육체적, 정신적, 심리적, 감정적 충족을 통해 죄악들을 즐기게 한다. 여섯째, 사탄은 교회의 가장 친한 친구가 된다. 교회와 성도들을 하나님의 사람이 아닌 종교인이 되도록 도와주고 있기 때문이다.

위의 네 번째 사탄교 신앙고백은 오랫동안 공립학교에서 진화론을 통해 자녀들이 배우는 것입니다. 공립학교에서 가르치는 성교육의 기본 바탕이 '인간은 동물이다'입니다. 그들은 자녀들에게 '너는 동물의 한 종에 불과하다. 따라서 무엇이든 원하는 대로 해도 된다. 그것이 너 자신을 위한 일이고, 동물의 본성이다'라고 가르칩니다. 진화론으로 하나님의 형상을 가진 존귀한 존재라는 사실을 잊어버리게 하려는 것입니다.

이제는 사탄교가 '애프터스쿨 사탄 클럽'(After School Satan Club)이라는 방과 후 프로그램으로 현재(2024년) 미국 열다섯 개 주의 초등학교부터 고등학교까지 공립학교에 들어가 있습니다. 예를 들면 워싱턴D.C.의 Bradbury Heights Elementary School, 펜실베이니아의 Saucon Valley Middle School, 캘리포니아의 Chase Street Elementary School 등 여러 주의 학교에서 '애프터스쿨 사탄 클럽'을 도입해 사탄교를 가르치고 있습니다.[1] 캘리포니아의 LA통합교육구(LAUSD)는 2016년에 이미 47개의 초등학교에 '애프터스쿨 사탄 클럽'이 들어갈 것이라고 뉴스에 보도한 바 있습니다.[2] 특히나 그들은 '굿뉴스 클럽'(Good News Club)이라는, 복음을 전하는 공립학교 방과 후 프로그램이 있는 학교를 겨냥합니다. '애프터스쿨 사탄 클럽'을 통해 어릴 때부터 자녀들이 사탄이라는 존재와 친숙해지도록 세뇌하는 것입니다.

사탄은 이제 다른 모습으로 변장하고 우리 앞에 나타나지 않습니다. 모습을 떳떳하게 드러내고, 자신을 사탄이라고 당당하게 이야기합니다. 2023년 4월 28일부터 4월 30일까지 역사상 최대의 사탄 컨벤션이 보스턴에서 열렸습니다. '사탄의 성전'(The satanic temple) 창립 10년 기념행사로 모인 것입니다. '사탄의 성전'은 여러 사탄교 중 한 부류인데, 이들 회원 수는 전 세계에 70만 명 정도입니다. 이들이 행사 장소를 보스턴으로 정한 것도 의도적입니다. 보스턴은 청교도가 처음으로 미국에 정착하여 세운 도시입니다. 그러한 상징적인 곳에서 사탄교 행사가 열린 것입니다. 이날 보스턴의 많은 호텔 객실이 매진되었을 정도입니다. 보스턴은 현재 가장 비성경적인 도시 2위라고 합니다. 이런 조사 결과가 놀랍지 않을 정도입니다. 이런 때야말로 가정과 교회에서 자녀들에게 사탄의 존재를 성경적으로 이야기해 주어야 합니다.

### 승리한 상태에서 싸우는 전쟁임을 기억하라

사탄의 존재를 너무 과장하는 것도, 너무 축소하는 것도 문제입니다. 사탄의 존재는 성경을 통해 정확히 알 수 있습니다.

사탄은 원래 루시퍼라는 천사장이었지만 하나님과 같이 되려는 교만 때문에 영원한 지옥불에 들어갈 운명이 되었습니다(겔

28장; 사 14장). 그런데 루시퍼는 혼자 심판받지 않고 천사의 1/3을 설득해서 자기편으로 만들었습니다. 여기서 우리는 그가 얼마나 머리가 좋은지 알 수 있습니다. 사탄은 전략적이며 똑똑합니다. 사람보다 더 큰 능력이 있습니다. 그러나 제아무리 사탄이라도 하나님의 심판을 피할 수 없습니다. 하나님의 심판으로 그들은 마지막에 지옥에 가도록 정해졌습니다. 그래서 사탄이 하나님의 형상을 닮은 사람을 싫어하는 것입니다. 사람을 속여 죄를 짓게 하고 거짓말로 유혹해서 자기들과 함께 지옥에 가도록 하려는 것입니다. 그것이야말로 하나님의 마음을 가장 아프게 하는 것임을 알고 있기 때문입니다.

자녀를 키우는 부모라면 이러한 사탄의 계략을 알아야 합니다. 자녀들에게 이 세상이 전쟁터임을 알려 주어야 합니다. 자녀가 영적 전쟁을 준비하도록 어릴 때부터 성경적 세계관으로 무장시켜야 합니다.

다만 우리가 반드시 기억해야 할 것이 있습니다. 이 전쟁은 하나님이 이미 이기신 싸움이라는 것입니다. 그런데 우리는 왜 아직도 영적 전쟁을 계속해야 하는 것일까요? 일제강점기 때를 예로 들어 봅시다. 한국이 일본의 압제 속에 고통당하던 1945년 8월 6일, 미국이 원자폭탄을 히로시마에 투하했습니다. 그해 8월 15일 대한민국은 해방되어 자주국이 되었습니다. 하지만 이 소식을 듣지 못한 일부 지역에서는 아직 우리가 일본의 통치 아래 있는 것으로 알고 일본군에게 괴롭힘과 죽임을 당했습니다. 마찬가지입니다. 하나님은 이미 승리하셨습니다. 그런데도 예수님이 다시 오시는 날까지 사탄은 하나님의 형상을 가진 우리 자녀를 한 명이라도 더 쓰러뜨리기 위해 우는 사자처럼 주위를 맴돌고 있습니다. 그들의 목적은 하나님의 자녀가 하나님과 깊이 교제하지 못하도록 막는 것입니다. 사탄이 쏘는 불화살에 우리가 만신창이가 되어 비참하게 사는 것입니다. 이를 위해 사탄은 할 수 있는 모든 능력을 동원합니다. 그러나 우리가 기억해야 할 것은, 그들은 하나님이 선택하신 자녀를 지옥에 가게 할 수 없다는 것입니다.

이 영적 싸움에서 자녀들이 이기는 방법은 무엇일까요?

첫째, 자녀에게 우리가 영적 전쟁 중에 있음을 정기적으로 상기시켜 주는 것입니다. 인생이 핑크빛 놀이공원이 아님을 알려 주어야 합니다. 치열한 전쟁 중임을 깨닫고 정신을 바짝 차려야 합니다. 사탄은 자녀들에게 거짓말, 음욕, 의심, 죄를 향한 욕망, 미움, 분노, 불신의 불화살을 엄청나게 쏘아대고 있습니다. 미디어와 교육을 통해 거짓의 지뢰를 여기저기 뿌려 놓았습니다. 우리 자녀들은 아무 생각 없이 전쟁터에 나갔다가 그 지뢰를 밟고 터져 만신창이가 됩니다. 그 결과 하나님을 의심합니다. 하나님의 자녀라는 자신의 정체성을 의심합니다. 음란한 생각에 마음을 지배당하고 맙니다.

요즘 중고등학생들을 상담하다 보면 종종 나오는 이야기가 있습니다. 자다가 가위에 눌린다는 것입니다. 그러면 온몸을 꼼짝도 못 하는 와중에 사탄의 목소리가 들리고 눈에도 보인다고 합니다. 한 학생에게 자기 전에 성경 말씀을 읽고 기도하라고 일러 주었습니다. 그 학생이 나중에 와서 하는 말이, 그날 저녁에도 가위에 눌렸는데 사탄이 성경책을 덮으라고 말했답니다. 이것은 분명한 영적 공격입니다. 한두 명만의 이야기가 아닙니다. 너무 많은 학생이 같은 내용으로 영적 공격을 당하고 있습니다.

둘째, 매일 전신갑주를 입어야 합니다. 파자마 입고 나갔다가는 적군의 표적이 되어 불화살 한 방으로 죽을 수 있습니다. 구원의 투구, 의의 호심경, 진리의 허리띠, 평안의 복음이 준비한 신, 믿음의 방패, 성령의 검(말씀)으로 무장해야 합니다. 사탄이 가장 많이 쏘는 불화살은 의심입니다. '하나님이 너를 좋아하지 않아. 너처럼 매일 포르노 보는 애를 어떻게 사랑하냐? 하나님이 진짜 존재한다고 생각하냐? 하나님이 네 가정을 사랑한다면 어떻게 이런 일이 일어날 수 있지? 부모도 너 포기했어. 너한테 관심도 없잖아. 이 세상을 봐. 얼마나 불공평해? 이런 세상을 만든 분이 사랑의 하나님이라고?'

이처럼 하나님의 사랑을 의심하게 하고 믿음을 뒤흔드는 불화살을 쏘아댑니다. 이때 전신갑주를 입은 자녀들이 믿음의 방패로 불화살을 막고 말씀의 검으로 휘두르기 시작하면 사탄은 위협을 느끼고 도망갑니다.

마지막으로 하나님은 우리에게 사탄을 대적하는 힘을 주셨습니다.

> "그런즉 너희는 하나님께 복종할지어다 마귀를 대적하라 그리하면 너희를 피하리라"(약 4:7).

사탄을 두려워 말라는 것입니다. 우리에게 대적할 힘이 있습니다. 우리가 대적하면 사탄은 도망갑니다. 쫓기던 범인이 아무리 크고 힘이 세도 경찰에게 잡히면 수갑을 차고 감옥에 들어가야 합니다. 이것은 정부가 경찰에게 준 권위 때문입니다. 하나님이 우리에게 권위를 주셨습니다. 그런데 범죄자가 더 크고 힘이 세다고 그 앞에서 무서워 벌벌 떨면 얼마나 우스꽝스럽습니까? 경찰이 가진 권위와 무기 앞에서 범인은 두 손을 들어야 합니다. 마찬가지로 사탄은 좋든 싫든 말씀의 검을 휘두르는 하나님 자녀의 말에 두려워 떨며 순종할 수밖에 없습니다. 우리가 하나님께 받은 권위를 잊어버리고 사탄의 그림자만 보고서 무서워 벌벌 떨지 않기를 바랍니다. 빛 앞에서 어두움은 물러가게 되어 있습니다. 우리는 빛이신 예수님의 이름을 힘입어 사탄의 영역을 침범하여 어두운 세력에 묶인 다른 영혼들을 구하는 하나님의 멋진 군사가 되어야 합니다.

## 02

# 성교육을
# 어떻게 시킬 것인가

### 왜 성경적 성교육을 해야 하는가

성교육을 성경적으로 해야 하는 이유는 성을 하나님이 만드셨기 때문입니다. 성교육을 할 때는 자녀들이 성에 대해 올바른 태도를 가질 수 있도록 바르게 지도해 주는 것이 중요합니다.

제가 학생들에게 성교육을 할 때 "섹스(성적인 것)가 좋은 걸까, 안 좋은 걸까?" 하고 물어보면 아이들은 "안 좋은 거요"라고 말합니다. 그럼 제가 다시 물어봅니다. "섹스는 누가 만들었을까?" 아이들은 가만히 생각하다가 하나님이 만들었다고 대답합니다. "하나님이 만들었다면 죄가 들어오기 전에 섹스가 있었을까, 아니면 죄가 들어온 후에 생겼을까?" 하고 다시 묻습니다. 그 단계에 이르면 아이들이 대답을 잘 못 합니다. 그러면 그때 섹스에 대해 올바르게 설명해 줍니다.

섹스는 인류에게 죄가 들어오기 전에도 있었습니다. 그렇다면 하나님이 남자와 여자를 만드시고 "보시기에 좋았더라"라고 말씀하신 것에 생식기관도 포함되었습니다. 다만 하나님이 성을 만드셨을 때는 아름답고 좋은 것이었는데 죄가 들어옴으로써 성이 변질되고 상품화되어 나쁜 것이 되어 버렸습니다. 그래서 우리에게 성경적 성교육이 필요합니다. 우리는 왜 자녀에게 성경적 성교육을 해야 하는지, 이것을 통해 무엇을 기대할 수 있는지 살펴봅시다.

첫째, 성경적 성교육을 통해 성에 대한 올바른 태도가 형성됩니다. 현대 사회에서 많은 사람이 성적 쾌락은 자기 권리이며 혼전 성관계도 괜찮다고 믿고 있습니다. 이 흐름이 기준이 되고 있습니다. 다수가 따른다고 해서 그것이 기준이 되면 안 됩니다. 우리의 기준은 항상 하나님 말씀이어야 합니다. 모든 사람이 괜찮다고 해도 하나님 말씀이 죄라고 규정하면 우리는 그것을 피해 가야 합니다. 에베소서 5장 3절은 음행과 온갖 더러운 것을 이름조차 부르지 말라고 하면서 "이는 성도에게 마땅한 바"라고 말씀합니다. 그렇다면 음욕을 품을 모든 가능성의 싹을 자르는 것이 하나님의 자녀로서 마땅히 해야 할 일입니다.

예를 들어, 친구들이 음란한 농담을 할 때 하나님의 자녀는 그 자리를 떠나고 듣지 말아야 합니다. 영화나 드라마를 보다가도 선정적인 장면이 나오면 눈길을 피해야 합니다. 특히 어릴 때의 경험은 평생 기억에 남습니다. 어릴 때 본 난잡한 포르노 잡지의 이미지나 성적인 영상들은 평생 머릿속에 남습니다.

성이 더럽고 추한 것이 아니라 하나님이 주신 아름다운 것임을 알아야 합니다. 자녀가 성에 대해 건강한 의식을 가지도록 어릴 때부터 성경적으로 교육해야 합니다. 그래야 잘못된 메시지를 분별할 수 있는 자녀로 성장할 수 있습니다. 성이 인간의 계획이 아닌 하나님의 계획이며 하나님의 창조 질서에 의해 만들어졌음을 알아야 합니다. 성을 성경적으로 배워야 자녀들이 성 가치관에 대해 건강한 태도를 가질 수 있습니다.

둘째, 성경적 성교육을 통해 성 정체성이 올바로 형성됩니다. 다음 세대의 위기는 성 정체성의 혼란입니다. 성경적 성교육 학부모 세미나를 마치고 나면 많은 부모로부터 상담을 원하는 이메일이 옵니다. 자녀가 성 정체성의 문제로 커밍아웃 한 것을 뒤늦게 알게 된 가정의 사연을 들으면 너무 마음이 아픕니다. 심지어 성 정체성의 혼란으로 자살 시도를 하거나 자살한 자녀들도 있었습니다. 사연을 듣는 저도 너무나 안타까운데, 부모로서 얼마나 마음이 무너지겠습니까? 사탄은 성 정체성을 흔들면서 이렇게 속삭입니다. "너는 쓸모없는 존재야. 세상에서 없어지는 게 옳은 선택이지. 부모도 널 버렸어. 친구도 너를 버렸고. 네가 없어지는 게 네 부모에게 좋은 일이야. 어쩌면 네가 없어지는 걸 모든 사람이 바랄 수도 있어." 삶에서 가장 기본적인 정체성이 성 정체성입니다. 이것이 흔들리면 존재 이유도 흔들리게 됩니다. 따라서 어릴 때부터 성경적 성교육이 필요합니다.

하나님이 주신 남자와 여자라는 성별은 선물입니다. 질서의 하나님이 우리를 남자와 여자로 구별하여 지으셨습니다. 하나님이 우리를 남자와 여자로 구별하여 창조하신 목적을 올바로 배워야 합니다. 이와 더불어 남녀의 신체 발달 과정과 함께 뇌의 구조, 남성과 여성의 심리적인 특성, 성 염색체의 구별에 대해 배워야 합니다. 이를 통해 남자와 여자의 성별은 결코 변하지 않는다는 사실을 알아야 합니다. 그것이 성경적 성교육입니다.

셋째, 성경적 성교육을 통해 하나님이 복으로 주신 결혼과 가정, 생명에 대한 가치관이 올바로 서게 됩니다. 세상이 우리 자녀들에게 혼란한 성 가치관을 주입시키기 전에 말씀을 바탕으로 하나님이 만드신 결혼에 대해 가르쳐야 합니다. 결혼이란 남자와 여자가 한 가정을 이루고 자녀를 낳아 하나님의 가르침을 자손 대대로 전파하며 양육하는 것입니다. 이것이 하나님의 명령이며 복임을 알려 주어야 합니다.

이러한 하나님의 말씀을 가장 잘 가르칠 수 있는 곳이 바로 가정입니다. 가정 안에서 부부가 사랑하는 모습을 자연스럽게 보여주고, 부모와 어릴 때부터 성에 관해 건강한 대화를 한다면 사춘기에 들어서도 부모와 성에 관해 편안하게 질문할 수 있는 건강한 가정이 될 것입니다. 부모와 자녀 간의 소통을 통해 건강한 성 가치관이 형성되어 순결한 여자와 믿음의 남자가 되겠다고 다짐하는 자녀가 되는 것입니다. 생명의 주인이신 하나님이 우리에게 주신 복은 결혼을 통한 새로운 생명의 축복입니다. 생명을 창조하는 데 중요한 역할을 하는 생식기관 또한 하나님이 주신 복임을 가르친다면, 우리 자녀들은 결혼과 가정, 생명에 대한 가치관이 올바로 서게 될 것입니다.

넷째, 성경적 성교육을 통해 자녀들이 미래의 남편과 아내로 준비될 수 있습니다. 우리 자녀는 언젠가는 한 여자의 남편, 한 남자의 아내가 될 것입니다. 성경적 성교육은 성경적 세계관 교육입니다. 성경적 성교육은 생식기관에 관한 교육에서 끝나지 않습니다. 그보다 훨씬 더 광범위한 영역과 깊은 내용을 포함하고 있습니다. 성경에서 말하는 믿음의 남자와 현숙한 여자는 어떻게 생각하고 말하고 행동하는지를 배우면서 우리 자녀는 조금씩 미래의 남편과 아내로 훈련될 것입니다(2부 제3과 "현숙한 여자와 믿음의 남자로 훈련시키시는 하나님" 참고). 결혼 전과 후에도 성적으로 순결한 삶을 살아야 하는 이유와 목적을 배워야 합니다. 자녀들이 몸과 마음의 순결을 유지하는 것은 성경의 원리를 가르치지 않고는 불가능합니다. 따라서 하나님 말씀을 기초로 한 성경적 성교육이 지금 이 세대를 살아가는 다음 세대에게 꼭 필요합니다.

## 성경적 성교육의 두 가지 핵심 원리

성경적 성교육을 하면서 꼭 가르쳐야 할 두 가지 핵심 원리에 대해 알아보겠습니다. 이 두 가지 핵심 원리를 자녀들이 배우고 실천한다면, 성경적 성교육의 50퍼센트는 배운 것이라고 할 수 있습니다.

첫째, 하나님을 경외해야 합니다. 하나님은 산타클로스처럼 선물과 복만 주는 분이 아닙니다. 악을 미워하시는 하나님, 악한 행동을 심판하시는 하나님이심을 가르쳐야 합니다. 자녀의 잘못된 행동을 훈계할 때는 부모에게 불순종한 것뿐 아니라 하나님의 말씀에서도 벗어난 행위임을 가르쳐야 합니다. 이것은 성교육과 아주 밀접한 관계가 있습니다. 삼손은 하나님의 율법을 등한시하며 블레셋 여성과 결혼하기를 원했습니다. 나실인이었지만 사자의 시체를 만졌으며, 포도주를 멀리해야 함에도 음주를 즐겼습니다. 결국 들릴라의 유혹에 넘어가 죄의 대가를 치르며 너무나도 처참하게 죽었습니다. 자녀에게 죄를 미워하시는 하나님, 공의의 하나님, 심판의 하나님을 잘 가르쳐야 합니다. 그래야 자녀들이 넓고 쉬운 길이 아닌 좁지만 옳은 길, 하나님이 기뻐하시는 길을 선택하게 됩니다. 그 길이 우리 자녀들을 순결한 신랑과 신부의 길로 인도합니다.

하나님을 경외하는 자녀들은 성에 관련된 말씀들을 기억하고 하나님이 정하신 경계 밖으로 나가지 않으려 노력합니다. 순결한 삶을 살라고 명령하신 말씀에 순종하려고 애쓰며, 불순종했을 때는 그에 대한 대가가 있다는 것을 마음에 새깁니다. 하나님을 경외하는 삶을 살려고 노력할 때 유혹이 와도 뿌리칠 수 있는 힘이 생깁니다. 하나님을 경외하는 것과 관련된 성경 말씀들을 자녀와 같이 읽고 집안 곳곳에 메모지로 붙여 놓으십시오. 자녀들이 복된 삶을 살기 원한다면 하나님을 경외하는 법을 꼭 가르쳐야 합니다.

둘째, 하나님을 사랑해야 합니다. 하나님을 경외할 뿐만 아니라 사랑해야 하나님의 마음을 알 수 있습니다. 왜 우리에게 순결한 삶을 살기를 원하시는지 이해가 되고, 그런 명령을 주신 하나님께 감사하게 됩니다. 그러나 우리는 사랑의 하나님만 가르쳐서는 안 됩니다. 사랑의 하나님인 동시에 공의의 하나님임을 가르쳐야 합니다.

"하나님을 사랑하는 것은 이것이니 우리가 그의 계명들을 지키는 것이라 그의 계명들은 무거운 것이 아니로다"(요일 5:3).

하나님을 사랑하는 것은 하나님의 말씀으로 마음을 채우는 것입니다. 말씀으로 마음을 채우기 시작하면 죄와 싸울 수 있는 근육이 생깁니다. 내 속에 있는 죄의 법이 아니라, 하나님의 법이 나를 통제하기 때문에 하나님을 더욱 사랑하고 순종하고 싶어지는 것입니다. 그래서 하나님을 경외함과 동시에 사랑해야 합니다. 악을 심판하고 미워하시는 하나님을 경외함으로 머리로는 선과 악을 날카롭게 구별하는 분별력을 갖추고, 마음은 하나님을 향한 사랑으로 뜨거워야 합니다. 오직 강력한 하나님의 말씀으로만 어둡고 혼란한 이 세상을 이길 수 있습니다. 말씀으로 가정과 성을 이해하고, 말씀으로 자신의 정체성을 깨달아야 합니다. 그렇다면 말씀을 언제부터 가르쳐야 할까요?

> "마땅히 행할 길을 아이에게 가르치라 그리하면 늙어도 그것을 떠나지 아니하리라"(잠 22:6).

성경은 '마땅히 행할 길을 사춘기 때 가르쳐라'라고 말씀하지 않습니다. 어릴 때부터 말씀을 가르치라고 명령합니다. 그래야 어른이 되어서도 아침마다 말씀 읽기가 훨씬 쉬워집니다. 사실 부모도 아침마다 말씀을 읽는 게 쉽지 않습니다. 어릴 때부터 말씀과 기도 훈련을 받지 않았기 때문입니다. 그러나 내가 못한다고 내 자녀도 못하게 두어서는 안 됩니다. 변화가 필요합니다.

> "또 어려서부터 성경을 알았나니 성경은 능히 너로 하여금 그리스도 예수 안에 있는 믿음으로 말미암아 구원에 이르는 지

혜가 있게 하느니라"(딤후 3:15).

유리공예 작품은 유리가 뜨겁게 달구어졌을 때 두드리고 치고 굴려야 모양이 잡힙니다. 유리가 식은 후에 두드리면 깨집니다. 마찬가지로 자녀들을 훈련할 수 있는 시간이 있습니다. 부모에게 "훈련해 주세요"라고 소리치는 기간이 있는 것입니다. 부모는 그 기간을 놓치면 안 됩니다. 어릴 때부터 말씀으로 훈련하면 말씀의 깊은 맛을 알게 됩니다. 어릴 때부터 말씀을 읽는 것이 100퍼센트 구원을 보장하지 않지만, 말씀을 가까이함으로 하나님을 경험할 수 있는 구원의 길을 더 넓게 열어 줍니다.

부모는 자녀들을 자신의 소유로 생각하며 살 때가 많습니다. 하지만 자녀는 부모의 것이 아닌 하나님의 것임을 항상 기억해야 합니다. 언젠가 우리는 모두 하나님 앞에 서게 됩니다. 하나님은 "내가 너에게 준 기업, 내 자녀를 어떻게 키웠느냐?" "내가 너에게 맡긴 자녀를 얼마나 멋진 나의 자녀가 되도록 말씀으로 훈련하며 양육했느냐?"라고 물어보실 것입니다. 세상이 어지럽고 악해지고 있지만, 부모가 하나님의 말씀에 힘입어서 자녀들을 양육하면 영적 분별력이 있는 멋진 자녀가 될 것입니다.

성교육은 일회성 교육이 아닙니다. 성교육은 부모와 함께 계속해서 배우고 성숙해 가고 대립하고, 때로는 실패도 하는 과정입니다. 하나님이 원하시는 성숙한 믿음의 남자, 현숙한 여자가 되기 위하여 성품을 조금씩 변화시키는 것이 성경적 성교육입니다.

## 03

# 가정에서 시작하는 성교육

### 자녀 성교육의 중요한 열쇠, 소통

성교육은 누가, 어떻게 하는 것이 가장 좋을까요? 자녀에게 가장 큰 영향력과 책임을 가진 사람은 부모입니다. 부모는 자녀가 어릴 때부터 청소년기에 이르기까지 성교육의 범위를 확대하면서 자연스럽게 성에 대해 가르쳐 주어야 합니다. 어릴 때부터 부모와 자연스럽게 성에 대해 대화하는 분위기에서 자란 자녀들은 성에 민감한 청소년기가 되어도 부모와 그 주제에 대해 거리낌 없이 얘기할 수 있습니다.

저는 강아지를 키우고 있습니다. 그런데 어느 날 강아지가 생리를 하기에 생리대를 착용해 주었습니다. 아들이 강아지가 생리하는 것을 보고 물었습니다.

"엄마, 강아지는 생리를 얼마나 자주 해요?"

"강아지는 6개월마다 약 1-2주간 생리를 해."

"그럼 엄마도 생리를 해요?"

아들이 이런 질문을 했을 때 부모는 많이 당황합니다. 하지만 이런 질문을 할 때가 성교육을 하기 아주 좋은 골든타임입니다. 하나님이 왜 여자만 생리를 하게 하셨는지, 생리를 한다는 것은 자녀를 낳을 수 있다는 축복의 사인임을 나이에 맞게 가르치면 됩니다. 무엇보다 자녀가 성에 대해 어느 정도 알고 있는지 파악하는 것이 중요합니다. 포르노에 노출되었는지, 성에 관해서 어느 정도 알고 있는지, 결혼관과 생명관에 대해서는 어떻게 생각하는지를 알아야 자녀의 수준에 맞는 성교육을 할 수 있습니다.

자녀가 열 살이어도 여섯 살 수준의 성교육 책이 맞을 수 있습니다. 혹은 열 살이지만 포르노에 이미 노출되었다면 청소년기에 봐야 하는 성교육 책이 필요합니다. 이 방법은 장애가 있는 자녀들에게도 적용됩니다. 장애가 있는 자녀들의 수준에 맞게 성교육을 하는 것이 좋습니다. 자녀가 열두 살이어도 부모가 보기에 아홉 살 수준의 성교육이 맞다고 생각한다면 그에 맞는 성교육 책을 같이 읽고 대화를 나누며 이해하기 쉽도록 설명해 주는 것이 좋습니다.

성교육은 언제까지 마쳐야 할까요? 성교육은 어릴 때 시작해서 사춘기 전에 마치는 것이 좋습니다. 사춘기까지 가만 있다가 갑자기 성교육을 시도하면 이미 많은 것을 아는 자녀들은 불편해합니다. 개인차가 있겠지만, 대부분의 여자아이들은 10-12세에 사춘기가 시작되어 대개 17-18세 사이에 끝납니다. 남자아이들은 대개 12-13세 사이에 시작해 17-19세 사이에 끝납니다. 평소에 자녀와 성에 관련된 주제로 한 번도 이야기하지 않다가 갑자기 "자, 이리와 봐. 우리 오늘 성교육 시간을 가져 보자" 하면 어떨까요? 자녀는 기겁하고 도망갈 것입니다.

그렇다면 사춘기 때까지 성교육을 못한 부모는 어떻게 해야 할까요? 사춘기가 됐을 때 갑자기 성교육 책을 같이 보며 대화하기보다는 일상생활에서 영화나 드라마를 보며 자연스럽게, 눈치채지 않도록 접근하는 것이 좋습니다. 혹은 좋은 멘토를 찾아 그를 통해 자녀에게 다가가는 것도 좋습니다. 다만 멘토는 자녀와 동성으로 정해야 합니다. 혼자서 성경적 성교육 책을 읽도록 하는 것도 청소년기의 성교육 방법입니다. 사춘기에 들어서는 딸에게 성교육을 할 때는 마음의 문을 여는 것을 상징하는 열쇠 목걸이 등을 주는 것도 좋은 방법입니다. 이 열쇠는 나중에 평생의 반려자가 될 남자를 만나면 그에게 주는 것이라고 얘기해 주는 것이죠. "만약 네 마음의 문을 열 멋진 남자가 있다면, 정말 하나님이 너에게 보내 주신 사람이라는 확신이 든다면, 그 남자친구에게 이 열쇠를 주거라. 그리고 그것을 가지고 끝까지 순결을 지키자고 말하고 하나님 앞에서 함께 기도하렴"이라고 말해 주는 것입니다. 그 열쇠는 서로 약속을 지킬 수 있는 기회를 제공한다는 의미가 있습니다.

성경적 성교육의 가장 중요한 열쇠는 소통입니다. 어릴 때부터 부모와 자녀가 소통이 잘되어야 가정에서 성교육을 할 수 있습니다. 교회에서 목사님에게 섭섭한 마음이 있으면 첫 번째로 나타나는 부작용은 바로 목사님이 강단에서 하시는 말씀이 들리지 않는 것입니다. 안 들리는 것뿐 아니라 기분이 나쁘기까지 합니다. 부모와 자식도 마찬가지입니다. 소통이 되지 않으면 부모가 아무리 걱정되어 이야기해도 자녀들에게는 잔소리로밖에 안 들립니다. 그러면 무슨 말을 해도 듣기 싫어합니다.

소통을 위한 열쇠는 바로 자녀가 말을 할 때 잘 들어주는 것입니다. 중간에 부모가 자꾸 말을 끊지 않고 잘 들어주고 인정해 주는 것이 소통의 열쇠입니다. 사춘기 때는 특히나 인정의 말이 큰 힘이 됩니다. "결과가 바로 나오지 않아도 실망하지 마. 네가 한 노력은 다 쌓이고 있어" "요즘 어떤 생각을 많이 하니? 네가 깊이 생각하는 모습을 보면 아빠 마음이 든든하구나" "사람들의 평가에 너무 집중하지 말고 하나님이 너를 어떻게 생각하실지에 집중해 봐. 하나님은 너의 행동이 아닌 너를 있는 그대로 너무 사랑하신단다" "힘든 시간이었을 텐데 괜찮니? 아빠 엄마가 어떻게 기도해 줄까?" "잘해도 괜찮고 못해도 괜찮아. 네가 최선을 다하면 된단다. 결과와 상관없이 너는 우리에게 사랑스러운 아들/딸이야!"

소통 강의로 유명한 김창옥 교수는 칭찬보다는 감탄이 중요하다고 강연합니다. "수학 A 받았네. 잘했어"라고 하기보다 "몇 주 동안 최선을 다해 매일 늦게까지 공부하더니 이런 좋은 결과를 받았구나. 끝까지 포기 안 하고 공부한 네가 정말 자랑스럽다!" "정말 멋지다. 우리 아들/딸 이런 일도 해내는구나!" "네가 이렇게 잘하는 건 하나님이 너에게 주신 특별한 장점이고 재능이야!" "너를 우리 가정에 보내 주신 하나님께 얼마나 감사한지. 아빠 엄마는 너 때문에 참 행복하단다!" 어릴 때부터 소통을 통해 자녀들과 대화의 창이 열려 있어서 자녀들이 어떤 질문을 해도 당황하지 않고 잘 들어주고 답을 해줄 수 있는 부모라는 신뢰가 있을 때 성교육을 시작할 수 있습니다.

## 가정에서 시작하는 네 가지 성교육 방법

부모에게 자녀를 양육하고 훈련할 수 있도록 주어진 시간은 참으로 한정적입니다. 부모가 자녀에게 가르치는 성교육은 절대로 음란한 교육이 될 수 없습니다. 따라서 학교나 미디어가 아닌 가정에서 자녀에게 성경적 성교육을 시작해야 합니다. 하나님이 구별하신 남자와 여자의 창조 목적을 성경적으로 잘 가르침으로써 자녀들이 건강한 성 가치관을 가질 수 있습니다. 가정에서 먼저 시작하는 네 가지 성경적 성교육은 다음과 같습니다.

첫째, 결혼 생활의 친밀함에 대한 모범을 보여야 합니다. 가정 안에서 엄마와 아빠가 사랑을 속삭이는 모습을 보여 주는 것이 중요합니다. 한국 가정은 대부분 경직되어 있습니다. 부부 사이에 사랑을 표현하는 것이 서툽니다. 그런 모습이 자녀들 눈에는 '지루한 결혼생활'로 보일 수 있습니다. 부모가 매일 일하고 빨래하고 청소하고 음식하고 지쳐 있는 모습만 본 자녀들은 결혼이 힘들고 따분하게 보일 것입니다. 가끔씩 남편이 아내에게 팔베개를 해준다거나, 아내가 남편에게 굿바이 키스를 해주는 모습을 보여 주십시오. 서로 등을 토닥이며 격려하거나, 아무 날도 아닌데 서로에게 선물을 준비하고 이벤트를 벌이며 사랑한다고 고백하는 모습을 보여 주어야 합니다. 부부 사이가 지루하고 매력이 없어 보이면 안 됩니다.

저희 부부는 종종 서로를 가만히 안아 줄 때가 있습니다. 그러고 서 있으면 우리 아들 딸이 미소를 지으며 지나갑니다. 자녀들은 부모가 사랑을 나누는 모습을 볼 때 가장 큰 안정감을 갖습니다. 부부간의 친밀함을 보여 주는 것은 성교육의 가장 기본입니다.

둘째, 자녀들이 올바른 분별력을 가지도록 대화하십시오. 요즘 아이들은 날카로운 분별력이 없다는 게 문제입니다. 친구가 하자는 대로 따라갑니다. 분별은 지혜에서 오며, 지혜는 말씀에서 옵니다. 말씀으로 마음을 가득 채워야 합니다. 말씀이 마음에 들어오면 어두웠던 생각들에 빛이 비추어 분별력이 생기게 됩니다. 말씀을 통해 주위에 일어나는 모든 일들에 대한 하나님의 뜻을 분별할 수 있습니다.

분별과 판단은 다릅니다. 내가 기준이 되어 판단하는 것은 잘못된 일입니다. 이는 분별력이 아닙니다. 세상은 "마음에 하나님 두기를 싫어"합니다(롬 1:28). 모든 판단을 내가 결정하는 것은 하와가 선악과를 먹었을 때 시작된 죄입니다. 요즘 시대는 음란, 불륜, 간음, 이혼, 낙태에 대해 너무나 관대합니다. 하나님이 죄라고 하신 것을 죄로 여기지 않는 것은 이상한 일이 아닙니다. 아담과 하와의 범죄 이후 지금까지 늘 그래 왔습니다.

사탄은 하나님이 아닌 우리 자신이 선과 악을 판단하도록 교묘하게 유혹합니다. 인간이 선과 악을 판단하면 우리의 마음이 가는 쪽으로 기울게 됩니다. 즉 죄를 짓고도 타당한 이유가 있기 때문에 죄가 되지 않는다고 생각합니다. 성적으로 문란해도 그것이 사랑이기 때문에 죄가 아니라고 합리화합니다. 사랑한다면 다 덮어야 한다고 이야기합니다. 유부남이 다른 여자를 사랑해도, 남자와 남자가 사랑해도 진정한 사랑이기 때문에 괜찮고, 아동 성애자가 어린아이를 성추행해도 사랑하기 때문에 괜찮다며 이것을 성적 지향성이라고 포장합니다. 그래서 우리 자녀들이 세상에서 일어나는 모든 일을 말씀의 안경으로 볼 수 있어야 합니다.

가족과 함께 영화를 보는데 남편이 바람이 나서 가정이 깨어지는 내용이 나온다면 분별력을 가르치기 아주 좋은 기회입니다. “만약에 네가 결혼하고 상대방이 바람을 피운 게 드러난다면 너는 어떤 기분이 들까? 자녀가 아빠가 바람을 피운다는 사실을 알면 어떻게 반응할까? 성경에는 뭐라고 써 있니? 가정이 깨어지지 않게 그런 일이 일어나지 않도록 하려면 부부는 어떻게 해야 할까?” 등 많은 질문으로 자녀와 부모가 같이 이야기하는 것은 아주 좋은 가정 안에서의 성교육입니다.

셋째, 부모가 무조건 자녀를 사랑한다는 신뢰를 주어야 합니다. 자녀가 아무리 큰 잘못을 해도 부모에게 솔직히 이야기할 수 있도록 관계를 형성해야 합니다. 아이들이 자라면서 큰 실수를 할 수 있습니다. 특히 성에 관련된 실수를 했을 때 숨기는 것이 아니라 부모에게 얘기하고 용서를 구하고 어떻게 해야 할지 자문을 구하는 자녀에게는 부모가 무조건 나를 사랑한다는 신뢰가 있습니다.

하나님이 먼저 죄인된 부모를 용서하시고 수많은 죄를 덮어 주시고 의롭다 칭하신 것을 기억하십시오. 잘못된 것을 바로잡고 바른 길로 인도하는 동시에 자녀에게 용서의 하나님, 사랑의 하나님을 보여 주는 부모가 되어야 합니다. 하나님께 뻔뻔한 죄인이 아니라 회개하는 죄인이 되어야 합니다. 아직 공사 중인 자녀에게 너무 완벽한 모습을 기대하지 마십시오. 그리고 하나님은 지금도 부모를 포함해서 모든 죄인을 인내하시는 분임을 기억하십시오.

마지막으로, 내 자녀의 주인은 하나님이심을 인정하고 하나님께 자녀를 맡기기 바랍니다. 부모는 내 자녀가 아닌 하나님의 자녀를 키우는 사람인 것입니다. 부모는 자녀가 어릴 때부터 순결한 삶을 살도록 훈련하고, 충고와 사랑으로 최선을 다해 양육해야 합니다. 하지만 부모의 품을 떠나 성인이 된 자녀는 스스로의 행동에 책임을 져야 합니다. 만약 다 성장한 자녀가 성적으로 타락하고 방탕한 삶을 산다면 그 죄 때문에 부모가 좌절하고 괴로워하지 말고 계속 사랑으로 대화하고 기도해야 합니다. 품 안에 있는 자녀는 부모가 책임져야 하지만, 성장해서 어른이 된 자녀는 자신의 행동을 스스로 책임져야 합니다. 그리고 하나님의 자녀이기 때문에 하나님께 맡겨야 합니다.

저는 자녀들이 어릴 때부터 이런 이야기를 했습니다. "네가 대학교 들어가기 전까지는 아빠 엄마의 보살핌이 필요하지? 그때까지는 너희가 잘못된 길로 갔을 때 하나님께 엄마 아빠가 꾸중을 듣게 돼. 하지만 너희가 대학교에 들어가면 그때부터는 성인이야. 그때부터는 네가 한 행동에 대한 꾸중은 하나님께 직접 네가 듣게 될 거야."

어떤 목사님 부부는 자녀가 대학에 들어가서 임신을 하자 너무 큰 죄책감으로 사역을 내려놓으셨습니다. 참 안타깝습니다. 하나님은 성인이 된 자녀의 죄는 자녀에게 직접 물으십니다. 사춘기에 들어섰을 때는 훈계보다는 칭찬과 격려 그리고 대화로 그 시간을 지혜롭게 지나도록 코치해 주어야 합니다. 그리고 하나님의 주권을 인정하는 부모가 되어야 합니다.

## 아버지와 어머니의 성교육 역할

이 책을 통해 자녀들과 6주간 성교육을 하는 것보다 더 중요한 것은 성교육을 마친 후 부모의 역할입니다. 성경적 성교육을 통해 기본적인 틀이 세워졌다면 부모는 그 후에 지붕을 달고 벽을 세우고 문을 붙이는 역할을 해야 합니다. 많은 경우 자녀가 남자이든 여자이든 성교육을 엄마에게 다 전가하는 경우가 있는데, 모든 교육이 그렇지만 특히 성교육은 부모 두 사람의 역할이 모두 중요합니다. 자녀 성교육을 위해 아버지로서 해야 할 역할이 있고, 어머니로서 해야 할 역할이 있습니다. 먼저 아버지의 중요한 역할 세 가지입니다.

첫째, 자녀들에게 믿음직한 아버지와 남편의 역할을 보여 주십시오. 가족의 보호자로 그리고 가족의 영적 방향을 제시하는 역할을 보여 주십시오. 남자는 여자가 위험에 처했을 때에 여자를 보호할 수 있습니다. 집안에서 고장 난 물건을 고친다거나, 아내에게 커피를 타준다거나, 고기를 구워 아내와 아이들에게 주거나, 무거운 짐을 들어주는 아버지의 모습을 보면서 아들은 사랑하는 여자를 어떻게 대해야 하는지 배우고, 딸은 어떤 남자를 만나야 하는지 배웁니다. 사역하면서 남자아이들이 친구들을 배려하는 모습을 보면 참 멋집니다. 여자아이들도 그런 남자아이를 멋지다고 생각합니다. 이는 가정에서 배웠기 때문에 가능한 것입니다.

둘째, 아버지는 아들이 어릴 때부터 성에 대한 이야기를 해 주어야 합니다. 신체적인 변화와 감정적인 변화는 남자로 자라 가는 과정임을 알려 주고, 그것을 기뻐해야 합니다. 대체로 아버지는 아들과 성에 대해 대화하는 것을 불편해 합니다. 왜냐하면 자신도 부모에게서 이런 성교육을 받아 본 적이 없기 때문입니다. 많은 부모의 딜레마는 '나도 성적으로 순결한 삶을 살지 않았는데 순결하게 살라고 자녀에게 요구하기 힘들다'입니다. 하지만 이것은 잘못된 생각입니다. 부모가 순결하게 살지 않았다고 해서 자녀들이 세상의 가르침과 미디어의 공격을 받고 천박한 삶을 살아도 될까요? 그렇지 않습니다. 특히나 우리 자녀들은 부모의 소유물이 아닌 하나님의 자녀이기 때문에 최선을 다해 자녀들이 순결한 삶을 살도록 가르쳐야 하는 책임이 있습니다.

아들이 순결한 믿음의 남자가 되기 위해서는 모르는 것이 너무 많습니다. 사춘기를 지나는 아들에게 키스와 애무는 육체적으로 더 깊은 관계로 발전하게 하는 것이기 때문에 성적으로 순결을 지키기 위해서는 처음부터 이런 것들을 자제해야 한다고 가르쳐야 합니다. 순결은 단순히 좋은 것이나 옳은 것이 아니라 건강한 결혼생활과 가정생활의 필수이고, 하나님이 기뻐하시는 것임을 가르쳐야 합니다.

셋째, 아버지는 아들과 딸에게 칭찬을 많이 해주어야 합니다. 특히 아버지는 사춘기 시기의 딸들과 대화하기를 어색해합니다. 그런데 딸의 자존감에 가장 많은 영향력을 주는 사람은 바로 아버지입니다. 딸에게 관심을 가지고 칭찬해 주고, 어릴 때부터 안아 주고 예쁘다고 이야기해 주는 것은 딸의 자존감을 높이는 데 아주 큰 영향을 미칩니다. 딸에게 첫 번째 남자는 바로 아버지입니다. 딸에게 아버지는 처음으로 안아 주고 뽀뽀해 주고 사랑해 주는 첫 번째 남자입니다.

딸이 성장하여 어떤 남자를 만나든지 그를 평가하는 기준은 아버지입니다. 아버지를 기준으로 그보다 좋은 남자 혹은 좋지 않은 남자로 평가하는 것입니다. 그래서 아버지의 사랑을 받지 못한 딸들은 사랑을 찾기 위해 이상한 남자에게 쉽게 빠질 수 있습니다. 아버지와 관계가 좋지 않았던 딸들은 마음에 항상 빈자리가 있어서 그것을 채워 줄 남자를 찾아다닐 수 있습니다. 하지만 아버지와 깊은 유대감을 형성하며 자란 딸, 아버지의 충분한 사랑을 받은 딸들은 자신감이 있고 독립적이고 정서적으로 굉장히 안정된 여성으로 자라게 될 것입니다. 아버지의 사랑 표현은 그리 거창하지 않아도 좋습니다. 아주 작은 선물이나 행동 변화에도 딸들은 감동합니다. 분명 그 너머의 진심을 보아 줄 테니, 아빠의 용기를 보여 주기 바랍니다.

이제 어머니의 중요한 역할 네 가지를 보겠습니다.

첫째, 진정한 아름다움이 무엇인지 어릴 때부터 자녀에게 가르치십시오. 어머니는 아들딸에게 어릴 때부터 '하나님의 눈에 너는 이 모습 그대로 너무나도 아름다운 사람'이라고 알려 주어야 합니다. 그리고 생김새가 어떻든 간에 항상 예쁘다고, 멋지다고 얘기해 주어야 합니다. 그러면 외모가 별로인 아이도 예뻐지고 멋있어집니다.

요즘 문화는 겉으로 보이는 걸 중요하게 생각합니다. 못생긴 사람을 마치 죄인처럼 취급하고, '못생겼기 때문에 사람들은 너를 좋아하지 않는다'라고 우리 자녀들을 세뇌합니다. 최신 유행을 따르고, 화장을 하면 외모가 더 괜찮아질 거라고 생각하게 합니다. 특히나 사춘기에 들어가면서 몸을 더 노출해야 이목을 끌고 많은 이성이 자기를 좋아해 줄 것이라고 착각합니다. 급기야 더 많은 이성에게 칭찬을 받고 관심을 받는 것이 사춘기 아이들의 목표가 되면서 더 과감하게 옷을 입게 합니다.

이제는 노출이 많은 옷을 입는 아이들이 교회 안에서도 많아지고 있습니다. 물론 자녀들은 말합니다. 내가 어떻게 입든 나를 표현하는 것이라고 말입니다. 주변의 시선 따위는 신경 쓰지 않고 내가 입고 싶은 대로 입겠다고 말입니다. 그러나 그 내면을 들여다 보면 앞서 말한 것처럼 외모를 중요하게 여기는 가치관이 기저에 깔려 있습니다. 그렇게 입지 않으면 사람들이 나에게 관심을 주지 않을 것이라는 두려움이 있습니다. 그러나 자기에게 어울리는 옷을 잘 코디해서 단정히 입는 것이 훨씬 멋지다는 것을 말해 주십시오.

둘째, 가정에서 아버지의 장점을 부각시켜 주십시오. 당연히 모든 아버지에게는 장단점이 있습니다. 완벽한 남편이나 아버지는 이 세상에 없습니다. 하지만 엄마의 역할은 자녀들에게 아빠의 장점을 부각시키는 것입니다. 아빠의 장점을 엄마가 얼마나 감사하는지, 자녀들이 아빠의 그런 면들을 꼭 닮았으면 좋겠다고 말해 주십시오. 가족을 부양하는 아버지의 수고에 대해 감사하는 마음을 표현하도록 가르쳐야 합니다. 그러면 자녀들은 아버지와 어머니를 존경하게 됩니다.

셋째, 엄마는 딸의 성교육을 자녀가 어릴 때부터 해야 합니다. 딸이 남자친구나 배우자를 고르거나, 데이트의 바운더리를 정하는 등의 선택을 할 때 분별력이 있어야 함을 어릴 때부터 나이에 맞게 가르쳐 주어야 합니다. 순간의 선택이 평생을 좌우한다는 말이 맞다는 것도 알려 주십시오. 오늘 내리는 결정이 미래에 영향을 미치기 때문에 순간마다 성령님의 인도하심을 구하는 지혜로운 딸이 되도록 기도해야 합니다.

저는 대학생 딸이 방학 때 집에 오면 침대에 누워서 불 끄고 두세 시간 이야기하는 것을 즐깁니다. 딸도 그 시간을 너무 좋아 합니다. 어릴 때부터 이런 시간을 가졌습니다. 이때 어떠한 질문도 받아들이고 솔직하게 답해 주곤 합니다. 딸은 친구들의 고민거리에 대해 자문을 구하고 자기의 고민과 기도 제목을 나누면서 성에 관련된 질문도 많이 합니다. 그럴 때마다 저는 딸의 현명한 선택에 칭찬해 주고, 때로는 딸의 미래 남편에 대해 이야기하고, 순결한 신부로서 준비되었을 때 얼마나 복된 가정을 만들어 갈지 이야기해 줍니다. 이때 딸이 현숙한 여자로 한 걸음 나가게 됩니다.

넷째, 엄마로서 아들과 소통하는 법을 배우십시오. 어릴 때는 엄마와 아들이 유대감을 형성하여 대화가 잘 되지만, 커 가면서 사춘기 호르몬의 작용으로 생각하는 방법과 소통하는 법에 거리가 생겨서 아들과 엄마가 대화하기 쉽지 않습니다. 아들이 사춘기에 들어가면서 소리 지르는 엄마, 문 잠그는 아들이 되기 쉽습니다.

어릴 때부터 대화가 끊이지 않도록 엄마들은 연구하고 노력해야 합니다. 어릴 때부터 쉬운 음식을 같이 만들며 요리를 가르치는 것을 권합니다. 요리 시간을 통해 엄마와 자연스럽게 대화의 문을 열어 놓을 수 있습니다. 아들이 커 가면서 요리 몇 가지는 할 수 있도록 가르치면 아들이 대학 때문에 멀리 떨어지거나 집을 떠나게 될 때 엄마에게 굉장히 고마워할 것입니다.

대화를 할 때 한국 부모의 특징은 자녀의 이야기를 잘 들어주지 않고 주도적으로 이야기를 끌고 간다는 것입니다. 저 또한 이야기를 주도하는 성향이다 보니 자녀와 대화를 할 때마다 자꾸 대화 주제를 내 뜻대로 끌고 가려 하고, 나중에는 훈계로 마무리하는 것을 발견했습니다. 이것을 고치려고 저는 굉장히 노력했습니다. 사춘기를 지나는 경우 적절하게 맞장구쳐 주면 자녀들이 '부모님이 내 이야기를 들어주는구나'라고 생각하면서 이야기보따리를 더 꺼낼 것입니다.

04

# 사춘기 자녀들의 성교육

## 사춘기 자녀에게 가르쳐야 할 네 가지 성 가치관 교육

청소년기는 신체적, 사회적, 심리적으로 많은 변화가 있는 시기입니다. 생물학적으로 뇌하수체 뒤에는 완두콩 모양의 샘(Pituitary gland)이 있는데 이곳에서 호르몬을 방출하면서 사춘기가 본격적으로 시작되며 많은 신체적 변화가 일어납니다. 심리적으로는 전에는 밝고 명랑하고 사랑스러웠던 아이가 갑자기 무뚝뚝해지고 반항아로 돌변합니다. 그래서 이 시기 부모와 자녀들은 이전과 전혀 다른 관계를 맺게 됩니다. 사회적으로 청소년기에는 어른답게 행동하기를 요구하면서도 실제로는 많은 제약과 통제가 이루어집니다. 이러한 상태에서 청소년들은 아이처럼 대하면 나는 이제 어른이라고 하고, 어른처럼 대하면 난 아직 아이인데 너무 많은 것을 요구한다고 불평하고는 합니다.

사춘기를 맞은 자녀에게 다음의 네 가지를 반드시 가르치기를 권합니다.

첫째, 연애에 대한 적절한 시기와 규칙을 대화로 세워야 합니다. 청소년 시기는 이성적으로 판단하기보다는 충동적, 감정적으로 행동하기 쉽습니다. 어제까지는 죽도록 보고 싶고 생각만 해도 심장이 뛰는 이성이었는데, 갑자기 그 아이의 냄새도 눈빛도 싫어집니다. 성적인 욕구와 호기심이 왕성하고 충동적인 특성이 있는 시기에 연애하게 되면 어떤 부작용이 생길지 이야기해 보는 것은 청소년기의 성교육으로 아주 좋습니다. 원하지 않는 임신과 성병의 확률, 헤어졌을 때의 감정적 충격에 대해 이야기하고, 진정한 연애는 몸과 마음이 준비되었고 경제적으로도 독립할 수 있을 때 하는 것이 지혜로움을 알려 주십시오. 그전에는 가볍게 교회 안에서 그룹으로 서로를 알아가는 것을 추천하면 좋습니다.

둘째, 독립된 성인이 되도록 멘토링을 시작하십시오. 독립에 대한 욕구를 인정하고 이제 떠나는 준비를 하는 과정임을 이해해야 합니다. 이 시기는 아빠 엄마의 아들, 딸과 독립적인 한 인격체 사이에서 헤매곤 합니다. 하지만 자녀들이 무조건 독립만을 주장하면서 아무것도 간섭하지 말라고 한다면 독립의 개념을 잘 모르는 것입니다. 이렇게 이야기해 보십시오.

"언젠가 너는 혼자서 생각하고 판단하는 홀로서기를 해야 할 시간이 올 거야. 하지만 지금은 네가 어른이 되어 가는 과정이기 때문에 가끔씩은 올바른 선택을 못 할 수가 있어. 올바른 선택을 할 수 있도록 부모의 충고와 판단이 필요한 거야. 아빠 엄마도 네가 책임감이 있어서 조금씩 성장하는 것을 보니까 참 기쁘네. 선택의 갈림길에 있을 때마다 말씀을 기억하고 아빠 엄마의 충고를 생각하며 선택하기를 바란다. 그런 우리 아들, 딸이 되도록 우리는 계속 기도할게."

부모의 권리를 존중하고 동시에 독립을 추구하는 것이 사춘기 시기에 독립을 준비하는 것입니다. 이때 독립심을 올바르게 키우게 되면 장성했을 때 자녀는 부모 옆에서 돕는 동역자로 잘 자라나 있을 것입니다.

셋째, 남성과 여성의 차이는 구별의 문제이지 차별이 아님을 성경적으로 가르치십시오. 하나님이 남자와 여자를 구별하여 창조하신 목적을 이해하고 창조 질서를 알아야 합니다. 남녀의 차이는 유전자, 성염색체, 근육, 생식기 등 많은 부분에서 뚜렷하게 드러납니다.

성소수자가 자신이 원하는 성으로 바꾸기 위해 호르몬 주사를 맞지만, 그런 것으로 성이 바뀌지 않는다는 것을 알려 주십시오. 에스트로겐이나 테스토스테론 주사를 통해 외적인 모습은 어느 정도 바꿀 수 있지만 성염색체는 절대로 바꿀 수 없습니다. 그리고 호르몬제의 부작용은 혈관 질환, 체중 증가, 간의 문제, 이뇨증, 몸의 두드러기, 우울증, 불안장애, 유방암, 자궁암, 적혈구 증가증, 불임, 고혈압, 중성지방 혈증 등 많이 있습니다. 호르몬 주사는 궁극적으로 남자를 여자로, 여자를 남자로 만들어 주지 못합니다. 그래서 호르몬 주사를 맞다가 중지하면 원래 자신의 몸으로 돌아옵니다. 몸의 모든 세포의 성염색체를 바꾸는 것은 불가능합니다. 왜냐하면 하나님이 우리를 남자와 여자로 구별하여 만드셨기 때문입니다.

넷째, 순결함의 진정한 의미를 가르쳐야 합니다. 하나님은 우리에게 아름다운 성을 선물로 주셨습니다. 결혼은 하나님의 계획이며 사람에게 주신 선물 중 하나입니다. 성생활이 결혼 생활의 전부가 아닙니다. 결혼은 훨씬 심오하고 깊으며 하나님이 맺어 주신 언약적 관계입니다. 하나님이 계획하신 성은 결혼이라는 울타리 안에서 오직 한 사람에게만 허용됩니다. 순결은 결혼 전에도 중요하고 결혼 후에도 중요합니다.

순결한 신랑과 신부가 결혼하는 결혼식에 자녀를 데리고 가십시오. 결혼식을 보면서 자녀에게 신랑이 신부를 만나기 위해 인내하고 기다리는 것이 얼마나 값진지 물어보십시오. 만약 신랑 신부가 결혼식 전에 성관계를 가졌다면 이들에게 결혼식이 어떤 의미일지 생각해 보게 하십시오. 딸이 커서 순결한 삶을 살고 순결을 상징하는 흰 드레스를 입고 걸어 나올 때를 미리 생각해 보고 하나님이 얼마나 흐뭇해하실지 그때를 상상하며 같이 대화하십시오. 데이트를 통해 바운더리를 지키고 서로 존중하여 순결한 남녀가 결혼식 첫날밤을 보내는 시간이 얼마나 짜릿하고 아름다울지 생각해 보게 하십시오. 결혼식에 참석한 자녀는 그 어느 때보다 많은 성교육을 받게 되는 것입니다.

사춘기 시기의 자녀와 잘 지낼 수 있는 팁을 하나 드리면 자녀에게 잔소리는 줄이고 칭찬을 많이 하십시오. 청소년기에 어떤 자녀들은 열등감이 최고조에 달하고 자기 자신에 대한 의심이 많아집니다. 그래서 작은 일에도 불안해하고 초조해합니다. 무조건 부모의 말을 잘 듣는 아이보다는 자신감 있게 본인의 의견을 상대방을 고려하며 이야기하도록 격려하십시오. 공부만 잘한다고 행복한 삶을 살지 않습니다. 공부만 잘하는 불행한 자녀가 얼마나 많은지요. 우리 자녀들이 도덕적, 신앙적으로 성숙할 수 있는 시간을 놓치지 마십시오.

청소년 시기에 너무 작은 일로 언쟁하지 말아야 합니다. 작은 일로 인해 그동안 쌓아 왔던 부모와의 관계가 원수처럼 변할 때가 너무나도 많습니다. 사탄이 틈타지 않도록 기도하십시오. 자녀가 충동적으로 행동하고 감정적으로 언성을 높이면 곧바로 반응하지 말고 그 자리를 피하는 것이 좋습니다. 나중에 감정이 가라앉고 차분해진 후에 다시 대화를 이어가도 늦지 않습니다. 정말로 심각한 상황이 아니라면 대부분은 넘어가는 것을 권합니다.

## 왜 순결해야 하는가

세상은 순결을 지키는 것이 너무 고리타분한 일이라고 생각합니다. 그런 세상에서 순결을 지키겠다고 선포하는 것은 참으로 큰 용기가 필요합니다. 어른들도 힘든데 아이들은 얼마나 힘들까요? 사춘기에는 친구들의 인정을 받는 것을 가장 중요하게 생각하는데, 순결을 지키겠다고 친구들에게 당당하게 이야기하는 것이 과연 가능할까요?

미국에서 학생들에게 성경적 성교육을 가르치면서 제가 느낀 것은 올바른 성경적 성교육을 받은 믿음의 자녀들은 당당하게 친구들에게 순결을 지키겠다고 이야기한다는 것입니다. 순결을 지키기 위해서는 자녀들이 먼저 예수님을 만나야 합니다. 믿음이 없으면 성교육은 그냥 지식으로 끝나게 됩니다. 삶에서 강력하게 나타나지 않습니다. 따라서 순결을 지키는 거룩한 하나님의 자녀가 되기 위해서는 먼저 예수님을 만나야 합니다.

그렇다면 왜 하나님은 우리에게 순결한 삶을 요구하실까요?

첫째, 순결을 지킬 때 하나님이 계획하신 큰 선물을 받게 되기 때문입니다. 세상은 순결한 삶보다 여러 명과 자유롭게 즐기는 것이 더 행복해지는 지름길이라고 말합니다. 그러니 하나님이 우리를 좀 내버려 두시면 좋겠다고 합니다. 사람들은 하나님이 감옥과 같은 울타리를 만들어 놓고 눈을 부릅뜨고 지켜보고 있다가 우리가 그 담장을 넘으면 잡아 벌하신다고 오해합니다. 정말 그러실까요? 그렇지 않습니다.

성은 하나님이 만드셨습니다. 우리를 너무 사랑하시는 하나님이 순결한 삶을 요구하시는 것은 우리를 위해서입니다. 결혼이라는 울타리는 우리에게 큰 안정감과 만족감, 행복을 줍니다. 사탄은 '결혼은 구속의 울타리'라는 거짓말을 심어 놓고는 음란이라는 도구를 사용하여 가정을 파괴하고 있습니다. 더 이상 속지 말아야 합니다. 우리가 하나님이 명령하신 순결을 지키면 하나님이 계획하신 엄청난 큰 선물을 받게 됩니다.

둘째, 우리가 순결을 지켜야 하는 이유는 하나님과의 관계와 부부의 관계를 깨뜨리지 않기 위해서입니다. 하나님이 우리에게 주신 성은 너무나도 고귀하고 아름답기 때문에 결혼까지 기다려야 합니다. 그리고 혼전순결만큼 혼후순결도 중요합니다.

그렇다면 왜 결혼 안에서 한 사람과만 성관계를 해야 할까요? 왜냐하면 순결을 지키지 않으면 하나님과 사람과의 관계가 깨지기 때문입니다. 마음대로 성적인 쾌락을 누리면서 하나님의 음성을 듣는 것은 불가능합니다. 마음과 눈의 탐욕을 채우는 사람은 진실한 기도로 하나님과 대화하기가 힘듭니다. 그러한 삶을 살면서 하나님의 임재 안에서 예배하는 것은 불가능합니다. 또한 결혼이라는 바운더리를 넘어서 여러 사람과 음란한 죄를 지으면 두 사람의 관계는 정신적, 육체적, 영적으로 고통스러워집니다. 그 때문에 하나님이 순결이라는 울타리를 만들어 놓으신 것입니다. 우리를 사랑하기 때문입니다.

성병이나 청소년 임신 때문에 순결을 지켜야 한다는 것은 20퍼센트 정도만 맞는 답입니다. 하나님은 우리가 거룩한 하나님의 자녀가 되어서 하나님과 깊이 교제하고 또 하나님이 허락하신 한 남자와 한 여자가 결혼을 통하여 행복한 삶을 살기를 누구보다 원하십니다.

셋째, 순결을 지키지 않으면 후회하며 살 수 있습니다. 미국 질병통제예방센터(CDC)는 2017년 통계에서 18세 미만의 여자 청소년들의 성 경험이 50퍼센트를 넘었다고 발표했습니다.[3] 우리 자녀들은 어릴 때부터 성 경험을 하는 것이 당연하고, 순결을 지키는 것을 수치스럽게 여기는 세상에 살고 있습니다. 그런데 'National campaign to prevent teen pregnancy'가 실시한 설문 조사에 의하면, 성관계를 한 적이 있는 아이들에게 "조금 더 기다릴 걸 하고 후회하는가?"라고 질문해 보니, 응답자의 2/3가 "후회한다"고 답했다고 합니다. 그리고 성 경험을 후회하는 아이들이, 아직 성 경험을 하지 않은 아이들보다 세 배나 더 많았습니다.

순결을 버리고 마음껏 육체적인 사랑을 즐기면 더 좋을 것 같았는데, 막상 해 보니 후회가 된다는 것입니다. 상대방을 사랑해서 아낌없이 다 주면 좋을 줄 알았는데, 몸만 가까워질 뿐 시간이 지나 헤어지면서 상처만 남습니다. 그러면 마음이 더 허전해지고, 다른 상대를 찾아 헤매는 악순환이 반복됩니다. 내가 원하는 대로 즐기면서 살면 행복할 거라고 생각했던 것이 착각이고 거짓이었음을 뒤늦게 알게 되는 것입니다.

사춘기 때 혼전 성관계를 한 여자아이들은 순결을 지킨 여자아이들보다 자살 확률이 3배 이상 높다는 보고가 있습니다. 유럽에서도 열세 살 전 성관계를 한 여자아이들은 그렇지 않은 여자아이들보다 자살 확률이 7.8배 이상 높고, 순결을 지키지 않은 남자아이들은 자살 확률이 4.2배가 더 높다고 합니다.[4]

넷째, 순결을 지키지 않았을 경우 성병에서 자유할 수 없습니다. 성병은 종류가 굉장히 많습니다. 그중에 현재 가장 흔한 HPV(인유두종 바이러스)는 치료가 불가능하고, HIV(인체면역결핍바이러스) 역시 완치할 수 없습니다.

미국에서 성적으로 자유로운 십 대들을 조사한 결과에 따르면, 매년 수천만 명씩 성병에 걸리고 있으며, 성병을 치료하기 위한 비용이 어마어마한 수준입니다. 2018년 기준으로 미국에 사는 사람 다섯 명 중에 한 명은 성병에 걸려 있는 상황이며, 매년 새로운 성병은 2천6백만 건이 발생하고 있습니다(성병에 관한 자세한 내용은 2부 제5과 소그룹 토론 1 "성병"을 보세요).

"오직 말과 행실과 사랑과 믿음과 정절에 있어서 믿는 자에게 본이 되어"(딤전 4:12)라는 말씀은 깨끗한 믿음, 순결한 생각, 순결한 몸을 지키라는 의미입니다. 따라서 음란한 생각들을 버리고 몸을 깨끗하고 거룩하게 함으로써 하나님의 사람으로 준비되어 있어야 합니다. 성병에 걸리지 않게 하는 방법은 하나밖에 없습니다. 앞에서도 언급했듯이 결혼할 때까지 기다리는 것입니다. 그리고 결혼하기 전까지 순결을 지키고, 결혼 후에도 그 한 사람만 바라보고 신실하고 순결하게 가정을 지키는 것입니다. 그래야 성병에서 완전히 해방될 수 있습니다.

## 어떻게 순결을 가르쳐야 할까

순결에 대한 성교육은 일회성 교육으로 한 번에 모든 것을 가르쳐 주는 것도 아니고, 순결한 삶을 살도록 몇 가지 방법을 알려 주는 것도 아닙니다. 성교육은 가정 안에서 삶을 통해 조금씩 배워 가는 것입니다.

왜 부모가 자녀들에게 성교육하는 것을 힘들어할까요? 왜 가정에서 성교육을 하지 않을까요? 미리 가르쳤다가 일찍 성에 눈떠 마음속에 순수함이 없어질까, 성에 눈을 떠서 불건전한 성적인 행동을 하는 것이 아닐까 두려워하기 때문입니다. 하지만 이것은 잘못된 생각입니다. 성경적 성교육으로 자녀들을 교육하면 자녀들은 자신의 눈과 귀를 보호하고 마음을 지키며 순결한 삶을 살려고 노력하게 될 것입니다.

호세아 선지자가 "내 백성이 지식이 없으므로 망하는도다"(호 4:6)라고 했습니다. 올바른 성경적 성교육이 자녀들 마음에 가득 차 있으면 난잡한 성 메시지가 들어오지 않습니다. 부모가 자녀들에게 어릴 때부터 성경적 성교육을 하지 않으면 자녀들은 무지하게 됩니다. 무지함과 순결함은 다릅니다.

부모가 자녀에게 성교육을 하지 않는 또 다른 이유는 본인도 순결한 삶을 살지 못했기 때문에 자녀에게 순결한 삶을 살라고 가르칠 자격이 안 된다고 생각하는 것입니다. 그러나 이 세상에 완벽한 사람은 없습니다. 부모가 큰 죄인이라면 자녀들은 작은 죄인입니다. 사탄은 부모의 죄책감을 이용해 자녀에게 순결한 삶을 살 수 있도록 지혜의 길을 제공하는 것을 막으려고 합니다. 하지만 부모가 순결하게 살지 않았다고 해서 자녀들이 성적으로 타락하게 두는 것이 맞을까요? 자녀들이 하나님과 깨어진 관계 속에서 사람과의 관계도 제대로 맺지 못하고 비참한 삶을 살도록 내버려 두겠습니까? 부모가 완벽하지 않다고 해서 자녀들이 파멸의 길로 가도록 놔둔다면 그것이야말로 하나님 앞에서 크게 책망받는 일이 될 것입니다.

사탄은 누구보다 잘 알고 있습니다. 우리 자녀들이 순결의 옷을 입고 이 세상에 나가면 거룩의 능력이 생기게 되기 때문에 모든 수단과 방법을 동원하여 자녀들이 거룩의 옷을 입는 것을 방해하는 것입니다. 자녀들이 어릴 때부터 순결의 의미와 순결을 지켰을 때 하나님이 복을 주심을 가르치십시오. 자녀들이 일시적인 만족을 주는 성이 아니라 결혼 안에서 평생 만족하고 최고의 기쁨을 경험하게 될 것입니다.

## 꼭 알아야 할 순결한 데이트 여섯 가지 공식

데이트는 상대방을 한번 알아보려는 마음에서 가볍게 하는 것이 아닙니다. 후회 없는 결혼을 위해 상대방을 관찰하는 과정입니다. 뜨거운 사랑의 감정을 믿고 결혼했는데 그토록 좋아했던 상대방의 장점이 결혼하고 보니 단점이 되고, 결국에는 이혼까지 하는 사례를 많이 보았습니다. 그래서 데이트는 아주 신중히 해야 합니다.

데이트는 언제 할 수 있을까요? 결혼을 전제로 하는 이성교제는 부모로부터 경제적으로 독립할 수 있는 나이가 되어야 합니다. 왜냐하면 데이트의 목적은 결혼을 잘하기 위한 단계이기 때문입니다. 그래서 '부모님의 도움을 받지 않고 경제적으로 어려움 없이 생활할 수 있는가?' '자신의 행동에 책임을 질 수 있는가?' '결혼해서 아기를 낳았을 때 그 아기를 책임지고 양육할 수 있는 준비가 되어 있는가?' 같은 질문에 '예!'라고 답할 수 있고 마음과 경제적 준비가 되어야 이성교제를 할 수 있는 적절한 시기라고 할 수 있습니다.

그렇다고 결혼을 전제로 하지 않는 이성교제를 하지 말라는 말은 아닙니다. 요즘 같은 때에 너무 이성교제를 차단하는 것도 좋지 않고, 그렇게 되기도 쉽지 않습니다. 다만 결혼을 전제로 하는 이성교제가 아니라면 몇 가지 지켜야 할 것이 있습니다. 그래야 하나님 앞에 순결한 데이트를 할 수 있습니다.

첫째, 친구로 시작하십시오. 연애할 때 처음 세 달 정도는 상대방이 무엇을 하든 다 좋아 보입니다. 하지만 시간이 지나면서 그 사람의 단점들이 보이기 시작합니다. 그래서 데이트를 하기 전에 친구로 시작하는 것이 좋습니다. 친구로 지내면서 상대에 대해 알아가고 안목을 키우는 것이 굉장히 중요합니다. 친구로 지내기 때문에 헤어져도 전혀 문제가 없는 것이죠. 그리고 이성 친구들을 많이 만나보면서 사람을 보는 안목을 넓히는 것도 중요합니다. 그러다가 그중에 몇 명은 결혼상대로 생각해 보게 될 것입니다.

내 반쪽을 어떻게 알 수 있을까요? 하나님은 한 사람을 지명하여 꼭꼭 숨겨 놓고 "내가 네 반쪽을 숨겼으니 한번 찾아 봐라"라고 하시는 분이 아닙니다. 여러 사람들 중에 누가 믿음, 비전, 성격, 취미 등이 나와 맞는지 만남을 통해 찾고, 결혼을 통해 언약 관계를 맺는 것입니다. 따라서 친구로 먼저 지내면서 상대방이 어떤 성품을 가졌는지, 실패했을 때는 어떻게 극복하는지, 믿음 생활은 어떻게 하는지, 화가 났을 때 어떻게 행동하는지 등 상대방에 대해 알아가야 하는 것입니다. 좋은 친구는 좋은 배우자가 될 수 있습니다. 이성 교제는 호르몬이나 서로에게 느끼는 매력이 아니라 우정을 기초로 해야 합니다.

둘째, 신체적인 접촉을 절제하십시오. 사춘기 때 데이트를 하면 어떤 일이 일어날 수 있을지 자녀들과 이야기해 보기를 권합니다. 사춘기 때는 호르몬의 분비로 감정 조절이 잘 안 되기 때문에 하루는 이 사람이 좋았다가 또 어느 날은 다른 사람이 좋아지는 감정 변화가 많이 일어납니다. 나의 감정을 나도 잘 모르는 상태에서 누군가를 사귀는 것은 참으로 무모합니다. 사춘기 때 데이트를 해서 선을 넘어 버리면 임신을 할 수 있고 그렇다면 많은 것을 포기해야 한다는 것도 알아야 합니다.

연인 관계에서 신체적인 접촉을 절제하는 것은 꼭 필요합니다. 손을 잡고 어깨동무하고 포옹과 뽀뽀하는 것까지는 괜찮지만, 더 깊은 입맞춤은 언제든지 무장 해제가 가능하기 때문에 키스는 결혼을 약속한 후에 하는 것이 맞습니다. 또한 애무는 부부 관계에서만 허용되는 행위입니다. 그렇기 때문에 뽀뽀까지만 허용하는 것이 건전한 이성 관계를 유지할 수 있는 방법입니다. 뽀뽀도 3초 이상은 안 된다든가, 손등이나 이마, 볼, 입술 등에 입을 맞추더라도 3초만 할 수 있다는 서로 간의 약속이 필요합니다. 연애할 때 절제하지 못하는 남자는 결혼해서도 절제를 못하고 다른 여자들과 선을 넘을 수 있습니다. 따라서 데이트할 때 성령의 열매인 절제를 실천하는 것은 행복한 결혼 생활의 열쇠라고 할 수 있습니다. 연애하자마자 부부처럼 모든 육체 관계를 허용하면 하나님이 준비하신 최고의 즐거움을 경험하지 못합니다.

한번은 테네시주 낙스빌에 세미나차 방문을 했습니다. 그곳에 정말 유명한 아이스크림 가게가 있어 들른 적이 있습니다. 'The sugar queen creamery'라는 이름의 아담하지만 항상 사람들이 줄을 서서 대기하고 먹는 아이스크림 가게입니다. 그곳에는 스물여덟 가지 각각 다른 맛의 아이스크림이 있는데 특이한 메뉴가 하나 있습니다. 바로 쓰레기 쉐이크(Trash Shake)입니다. 스물여덟 가지 다른 맛의 아이스크림 전부를 조금씩 넣어서 갈아 쉐이크로 먹는 것입니다. 그 쉐이크를 먹어 본 집사님은 정말 맛이 없었다고 저한테 이야기해 줬습니다.

남녀 관계가 바로 이런 건 아닐까 하는 생각이 듭니다. 하나님이 만드신 각각의 단계에서 맛볼 수 있는 즐거움을 준비하셨는데,

다 섞어서 한 번에 쓰레기로 만들어 마치 동물처럼 먹는 것입니다. 자유의지와 절제라는 성령의 열매를 맺는 순결한 데이트를 통해 부부만을 위해 준비하신 하나님의 선물을 하나씩 풀어 보는 삶은 참으로 즐겁고 흥미진진하며 스릴 있을 것입니다.

셋째, 신사는 숙녀를, 숙녀는 신사를 만나야 합니다. 연애할 때 자신의 모든 것을 바치면 나중에 100퍼센트 후회하게 되어 있습니다. 하지만 순결을 지키면 절대로 후회하지 않습니다. 이것은 사실입니다. 상대방이 나의 순결을 지켜 준다면 그것은 상대방이 나를 진심으로 사랑하는 것임을 알 수 있습니다. 부모와 자녀가 이렇게 이야기해 보면 어떨까요?

"신사는 숙녀를, 숙녀는 신사를 만나. 신사는 너의 가치를 인정해 주고 너를 존중해 주고 너를 지켜 주는 사람이지. 하지만 망나니는 육체적인 사랑을 처음부터 원할 거야. 너의 몸을 차지하기 위해 사랑한다고 수없이 고백하고, 너의 순결을 빼앗은 후에는 다른 친구들에게 떠벌리고 네가 받을 상처는 전혀 생각하지 않는 못된 짓을 하지. 사랑하기 때문에 순결을 바치면 남는 것은 임신, 낙태, 성병, 우울증, 낮은 자존감 등으로 인한 고통이야. 그러니 순결의 선물을 받을 가치가 없는 사람에게 너의 몸을 주고 후회하는 것보다 처음부터 그 사람을 떠나는 게 현명한 방법이야.

네가 육체적인 사랑을 하지 않겠다고 이야기했을 때 너를 조르거나 협박하는 사람은 100퍼센트 망나니이니 그 사람은 처음부터 너의 짝이 아닌 거야. 신사는 너와 삶의 가치관과 하나님이 주신 목적이 무엇인지 나누면서 네 안에 있는 가치를 발견하려고 애쓰는 사람이야. 아빠 엄마는 네가 그런 사람을 만났으면 좋겠다.

왜냐하면 너는 숙녀니까."

이렇게 이야기하면서 본인이 어떻게 신사와 숙녀로 훈련해야 하고, 그런 성숙한 사람을 만나야 하는지에 대해 대화하는 것입니다.

넷째, 정숙해야 합니다. 순결과 정숙함은 깊은 상관관계가 있습니다. 자녀들은 매일 아침 거울 앞에 서서 오늘 무엇을 입을까 고민합니다. '내가 이 옷을 입으면 친구들이 촌스럽다고 비웃을까? 내가 좋아하는 가수가 이 옷을 입었는데 내가 이 옷을 입으면 비슷하게 보이나? 이 옷을 입으면 이성에게 인기가 더 많을까?' 매일 이러한 생각들을 하며 우리 자녀들은 옷장에서 옷을 고릅니다.

이제는 "속살이 훤히 보이는 옷을 입는 것은 정숙하지 않은 것이다"라고 이야기하는 부모를 이상하게 생각하는 시대가 되었습니다. 다른 사람들이 호감을 느끼도록 세련되고 매력적으로 보이고 싶은 것은 잘못이 아닙니다. 하지만 아침마다 거울 앞에 서서 옷을 고르기 전에 이런 생각들을 하면 좋겠습니다. 먼저는 내가 어떻게 옷을 입는지에 따라 다른 사람들이 나를 어떻게 대하는지 결정된다는 것이고, 다음은 내 옷차림의 어떠함으로 누군가는 음란한 생각을 할 수 있으며, 크리스천으로서 내가 오늘 입는 옷들로 좋은 본보기가 될 수도 있고 나쁜 본보기가 될 수도 있다는 점입니다.

사람을 만날 때 옷차림은 내 첫인상입니다. 옷차림은 그 사람의 가치관, 성품, 성격 등을 드러냅니다. 그러니 자녀가 노출이 심하거나 지나치게 몸매를 드러내는 옷만 입으려고 한다면 이렇게 말해 주면 어떨까요? "다른 사람이 내 옷차림을 보면서 음란한 생각을 하면 좋겠어, 아니면 매력을 느끼는 것이 좋겠어?" 로마서 13장 13-14절은 "낮에와 같이 단정히 행하고"라고 하면서 "오직 주 예수 그리스도로 옷 입고 정욕을 위하여 육신의 일을 도모하지 말라"고 말씀합니다. 또 골로새서 3장 12-14절에서는 "긍휼과 자비와 겸손과 온유와 오래 참음을 옷 입고"라고 하면서 "이 모든 것 위에 사랑을 더하라"고 말씀합니다. 우리의 옷차림은 단정함을 넘어 예수 그리스도로 옷 입고, 사랑으로 옷 입는 일이 되어야 합니다.

다섯째, 우리는 언제나 넘어질 수 있는 연약한 존재임을 기억해야 합니다. 하나님의 마음에 합한 자였던 다윗왕을 우리는 잘 압니다. 누구보다도 하나님을 사랑했고 하나님의 말씀을 가까이했던 용사 다윗은 다른 사람의 아내인 밧세바를 범하는 엄청난 죄를 지었습니다. 하나님의 마음에 합한 자였고 누구보다 믿음이 강했던 다윗왕도 유혹에 넘어졌다면 우리는 얼마나 더 쉽게 넘어질까요? 따라서 우리는 항상 말씀으로 무장해서 유혹이 왔을 때 뿌리칠 수 있도록 준비되어야 합니다.

그러기 위해서는 데이트할 때마다 먼저 같이 말씀을 읽고 기도로 시작하며 유혹받을 수 있는 환경을 만들지 말아야 합니다. 데이트를 시작할 때 유혹에 넘어가지 않을 거라고 생각하지만 사실 우리는 그렇게 강하지 않습니다. 하나님 앞에서 순결을 다짐하고 약속했다 하더라도 우리는 너무 약한 존재이기 때문에 유혹이 눈앞에 있으면 충분히 넘어갈 수 있습니다. 남녀가 아무도 없는 집에서 소파에 앉아 영화를 보고 있다면 그것은 서로에게 큰 유혹이 될 것입니다. 기억해야 합니다. 우리는 연약한 죄인입니다.

여섯째, 자녀와 함께 고린도전서 13장을 자주 읽으십시오. 사랑의 정의는 말씀에서 찾아야 합니다. 사랑은 '오래 참고 온유하고 무례하지 않고 참고 견디는 것'입니다. 인간의 힘으로는 완벽하게 이런 사랑을 실천할 수가 없습니다. 따라서 데이트할 때 고린도전서 13장을 항상 묵상하며 하나님이 우리를 먼저 사랑하신 사랑으로 상대방을 사랑해야 합니다. 우리의 의지나 노력은 한계가 있기 때문에 이러한 고귀한 사랑을 하기가 불가능합니다. 그래서 하나님의 사랑이 먼저 우리 마음에 가득 채워져서 그 사랑이 상대방에게 흘러가야 하는 것입니다.

내 안에 하나님의 사랑이 있다면 진실한 사랑을 할 수 있습니다. 하나님의 사랑이 아닌 인간적인 사랑으로 사랑한다면 서로 상처를 주게 됩니다. 왜냐하면 항상 받을 사랑을 더 기대하기 때문입니다. 불가능한 사랑을 서로 기대하게 되면서 상처 주고 서로를 비난하는 관계가 될 수 있습니다.

순결한 데이트를 하는 여섯 가지를 알아봤습니다. 성경에는 데이트에 대해 손은 언제 잡아도 되는지, 키스는 언제 할 수 있는지, 데이트는 몇 살에 할 수 있는지에 대한 가이드라인이 나와 있지 않습니다. 하나님께는 우리가 데이트를 어떻게 하느냐보다 어떤 사람이 되느냐가 더 중요합니다. 그런 맥락에서 데이트를 통해 두 사람이 더 성숙해져야 합니다. 데이트를 통해 믿음도 더 깊어지고 서로를 배려하고 전보다 나은 사람이 된다면 바른 데이트를 하고 있는 것입니다.

너무나도 악한 세상에서 거룩하고 순결한 자녀를 양육하는 것은 부모에게 큰 도전입니다. 하지만 지금도 많은 믿음의 부모가 자녀들이 거룩하며 순결한 삶을 살도록 훈련하고 있다는 것을 기억해야 합니다. 부모는 미숙한 우리 자녀들이 훈련을 통하여 분별력이 있는 멋진 하나님의 아들딸로 자라서 하나님께 귀하게 쓰임받도록 이끌어야 합니다.

**'남가주 다음세대 지키기' 홈페이지에서**
**성교육 동영상을 먼저 보고 시작하세요.**

PURITY 성경적 성교육을 위한 교사 훈련과 사역자 훈련 신청은
info@protectnextgeneration.org로 문의하시기 바랍니다.

# 2

# 중고생을 위한 성교육 6주 과정

# 성경적
# 성교육의 이해

성교육은 새로운 가르침이 아닙니다. 성교육은 기본으로 돌아가는 것입니다. 그런 의미에서 6주 동안의 성경적 성교육을 통해 자녀들은 성경의 기본 진리를 배우며 아름다운 가정을 준비하는 여행을 할 것임을 확신합니다. 6주간의 성경적 성교육을 통해 네 가지 중요한 성교육 원리를 깨닫기를 소망합니다.

첫째, 하나님은 "생육하고 번성하라"고 명령하셨습니다. 성경은 하나님이 왜 남자와 여자를 다르게 만드셨는지 그 목적을 정확히 알려 줍니다. 남자와 여자를 분리하기 위해서가 아니라 그들을 연합시키기 위함입니다. 말씀에서의 성은 부부의 하나 됨, 생명의 소중함, 아름다운 가정과 교회, 다음 세대에게 신앙의 전수를 통한 하나님 나라의 확장, 그리고 하나님의 창조의 신비입니다. 우리는 하나님뿐만 아니라 다른 사람과도 소통하고 관계를 갈망하도록 지어졌습니다. 특히 예수님을 믿음으로 하나님과 하나 되고, 부부가 서로 하나 됨을 경험하며 사는 사람들은 세상에서 가장 행복하다고 할 수 있습니다.

둘째, 생명을 만드시는 과정을 통해 하나님의 위대하심을 볼 수 있습니다.

> "주께서 내 내장을 지으시며 나의 모태에서 나를 만드셨나이다 내가 주께 감사하옴은 나를 지으심이 심히 기묘하심이라 주께서 하시는 일이 기이함을 내 영혼이 잘 아나이다 내가 은밀한 데서 지음을 받고 땅의 깊은 곳에서 기이하게 지음을 받은 때에 나의 형체가 주의 앞에 숨겨지지 못하였나이다 내 형질이 이루어지기 전에 주의 눈이 보셨으며 나를 위하여 정한 날이 하루도 되기 전에 주의 책에 다 기록이 되었나이다"
>
> (시 139:13-16).

하나님은 우리가 태아 시절부터 특별한 관심을 가지고 보신다는 사실을 말씀을 통해 알 수 있습니다. 그런데도 우리는 태아를 하나님이 주신 고귀한 생명체로 생각하지 못할 때가 많습니다. 아직 눈에 보이지도 않을뿐더러, 몸 안에 있기에 내 소유라고 생각하는 것입니다. 하나의 인격체가 아니라 몸속 기관에 생긴 작은 혹 정도로 생각하기도 합니다. 그러나 생명은 엄마 배 속에서 나오면서부터가 아니라 정자와 난자가 수정되어 잉태한 순간부터입니다. 수정 이후 태아에게 더해지는 것이 아무것도 없습니다. 태아는 수정 때부터 세상으로 나오는 시기까지 발달과정을 거치는 것뿐입니다. 그러므로 태아는 완전히 발달된 상태는 아니지만 여전히 완전한 인간입니다.

셋째, 믿음의 남자, 현숙한 여자가 되기 위해 훈련합니다. 성경은 믿음의 남자가 현숙한 여자를 만나게 된다고 말씀합니다(잠 31:10-11). 희생할 줄 아는 남편, 말씀으로 가정을 세우는 남편, 아내를 사랑하고 가정의 머리로 세워지는 남편, 혹은 성숙한 아내, 지혜로운 아내, 하나님을 경외하는 아내는 저절로 만들어지지 않습니다. 자녀들이 현숙한 여자와 믿음의 남자로 자라나게 하기 위해서는 훈련이 필요합니다. 우리는 모두 죄의 본성을 가지고 태어났기 때문에 선과 악의 선택이 있을 때 악을 선택하고 싶어 하는 경향이 있습니다. 난잡한 성관계, 내 몸을 만족시키는 성, 짜릿한 성 등 왜곡된 성에 눈과 마음이 갑니다. 따라서 우리에게는 훈련이 필요합니다. 거룩함의 훈련, 마음의 훈련, 말씀의 훈련, 정직함의 훈련, 언어의 훈련, 하나님의 나라를 먼저 구하는 훈련, 지혜롭게 말하는 훈련, 진정한 내면의 아름다움을 가꾸는 훈련, 겸손의 훈련, 하나님을 섬기는 훈련 등을 해야 합니다. 이를 통해 우리 자녀들은 멋진 믿음의 남자와 아름답고 현숙한 여자로 성장해 갑니다.

마지막으로, 행복한 결혼을 위하여 데이트는 아주 신중히 해야 합니다. 하나님을 기쁘시게 하는 데이트는 서로를 위해 희생하고 이해하며 배려하는 데이트입니다. 데이트를 통해 신앙이 더 성숙하고 더 나은 사람이 되어야 합니다. 내 몸이 하나님의 성전인 것을 믿고 순결하게 지키는 절제된 데이트를 해야 합니다.

하나님은 우리에게 최고와 최선의 것을 주려고 결혼을 만드셨습니다. 그런데 사탄은 순간의 짜릿한 즐거움을 맛보기 위해 포르노와 같은 가짜 즐거움으로 만족하며 그것을 손에 움켜쥐라고 유혹합니다. 하나님은 진짜 다이아몬드를 준비하고 기다리고 계신데, 사탄은 가짜 다이아몬드로 속이고 있는 것입니다.

많은 다음 세대가 가짜 다이아몬드를 움켜쥐고 놓지 않습니다. 가짜 다이아몬드를 놓지 못하는 이유는 하나님이 과연 진짜 다이아몬드를 갖고 계실지, 그것이 진품이 맞는지 하는 의심 때문입니다. 그리고 내가 가지고 있는 이 가짜 다이아몬드가 얼마나 나에게 소중하고 기쁨을 주는지 하나님이 모른다고 생각하기 때문입니다. 성경적 성교육 과정과 순결 서약식을 통해 하나님이 준비하신 진짜 다이아몬드를 찾는 여정이 되기를 소망합니다. 그리하여 훗날 믿음의 가정을 이루며 하나님께 영광 돌리는 삶을 사는 다음 세대가 되기를 축복합니다.

## 프로그램

### 대상

중고등학생

### 그룹

선생님 한 명에 학생 두 명으로 구성하는 것이 적당합니다. 남자와 여자를 따로 나누어 프로그램을 진행합니다. 필요에 따라 같이 할 수 있습니다.

### 프로그램 소요 시간

다섯 번의 훈련 시간이 있으며, 매주 한 과씩 훈련하는 것을 추천합니다. 각 훈련마다 2시간에서 2시간 30분 정도 소요되며, 참고서적 토론까지 진행하면 1시간 정도 더 소요됩니다. 다섯 번의 훈련 후에 순결 서약식을 갖습니다.

### 참고서적 토론

중학생 《성과 새로운 나(남자)》
(우리 자녀 성경적 성교육 시리즈 개정판)
《성과 새로운 나(여자)》
(우리 자녀 성경적 성교육 시리즈 개정판)
《성과 새로운 나 워크북(남·여 통합본)》
(우리 자녀 성경적 성교육 시리즈)

고등학생 《사랑, 성 그리고 하나님(남자)》
(우리 자녀 성경적 성교육 시리즈 개정판)
《사랑, 성 그리고 하나님(여자)》
(우리 자녀 성경적 성교육 시리즈 개정판)

### 회비

각 교회의 사정에 맞게 정합니다.

### 교사 훈련

두 달 전부터 기도로 준비합니다. 각 과마다 두 시간 정도의 훈련 시간(총 10시간)이 필요합니다.

### 프로그램 두 달 전

선생님들의 훈련이 시작됨과 동시에 참여할 학생들의 등록을 시작합니다.

### 프로그램 한 달 전

6주 과정의 준비물을 미리 마련해 둡니다. 학부모/학생 인터뷰(부록 1, 2 참조)를 시작합니다.

### 프로그램 한 주 전

학부모 오리엔테이션(부록 3 참조)을 진행합니다.

1과의 독서 토론을 위해 책을 미리 읽어 오도록 학생들에게 공지합니다.

- 중학생 :《성과 새로운 나》Chapter 1, 2, 3
- 고등학생 :《사랑, 성 그리고 하나님》Chapter 1, 2

### 첫날 환영 및 자기소개

첫째 날에 학부모를 초대해서 아이들의 선생님과 그룹이 누구인지 발표하고 부모와 선생님이 인사를 나눕니다.

## 제1과

# 남자와 여자를 만드신 하나님

요점

1. 인간을 동물과 구별하여 자기의 형상으로 창조하신 하나님
2. 남자와 여자를 구별하여 창조하신 하나님
3. 하나님이 결혼을 위해 만드신 성의 목적

암송구절

하나님이 자기 형상 곧 하나님의 형상대로 사람을 창조하시되
남자와 여자를 창조하시고 (창세기 1장 27절)

| 프로그램 순서 | | 소요시간<br>2시간 45분 | 설명 |
|---|---|---|---|
| 전체 그룹 | 환영/<br>자기소개 | 10분 | 아이들과 선생님들이 서로 소개하기 |
| 소그룹 | 아이스<br>브레이크<br>"네가 궁금해!" | 20분 | 그룹별로 서로 알아가는 시간 가지기 |
| 전체 그룹 | 성경공부 | 25분 | 인솔자가 프로그램을 인도 |
| 남자반 /<br>여자반 나눔 | 소그룹<br>성경공부 | 20분 | 여자 남자 따로 수업 |
| 남자반 /<br>여자반 나눔 | 소그룹<br>토론 시간 | 15분 | 여자 남자 따로 수업 |
| 전체 그룹 | 숙제 공지/<br>기도 | 15분 | 한 주 동안 해야 할 숙제 알려 주기 |
| 소그룹<br>중학생 | 독서 토론<br>"성과<br>새로운 나" | 1시간 | 그룹별로 토론하기 |
| 소그룹<br>고등학생 | 독서 토론<br>"사랑,성<br>그리고 하나님" | 1시간 | 그룹별로 토론하기 |

## 아이스 브레이크 "네가 궁금해!"

1. 최근에 본 책이나 영화 또는 프로그램 중 추천하고 싶은 것은 무엇이며, 그 이유는 무엇인가요?
2. 만약 하나님께 세상에서 한 가지를 바꾸도록 부탁할 수 있다면, 무엇을 바꾸고 싶나요?
3. 이 세상에서 살아 있는 한 명을 만날 수 있다면 누구를 만나고 싶나요? 그 이유는 무엇인가요?

아이스 브레이크는 학생들과 선생님이 서로를 알아가는 시간이다. 자유롭게 서로 질문하고 대답하는 분위기를 만들어야 성교육을 할 때 어색하지 않다. 모든 질문을 하지 않아도 되며, 시간에 맞추어 질문을 선택한다.

4. 자신의 장점 한 가지를 말해 보세요.
5. 하루 동안 무엇이든 할 수 있다면 무엇을 하고 싶나요?
6. 남은 평생 한 끼만 먹을 수 있다면 무엇을 먹고 싶나요?
7. 잠을 안 자고 버틴 적이 있다면 얼마나 오래 안 자 봤나요? 그 이유는 무엇인가요?
8. 세계 어디든지 갈 수 있다면 어디로 가고 싶은가요? 그 이유는 무엇인가요?
9. 만약 집에서 단 세 가지 물건만 가지고 나갈 수 있다면 무엇을 가지고 나갈 건가요? 그 이유는 무엇인가요?
10. 감각 중 하나를 포기해야 한다면(듣기, 보기, 느끼기, 냄새 맡기, 맛보기), 어떤 것을 포기할 건가요? 그 이유는 무엇인가요?
11. 가장 기억에 남는 선물은 무엇이었나요?
12. 미래의 희망 직업은 무엇인가요?
13. 지금까지 가장 어려웠던 일은 무엇인가요?
14. 가장 좋아하는 취미는 무엇인가요?
15. 가장 큰 두려움은 무엇인가요?
16. 하나님에 대해 생각할 때 무엇이 가장 먼저 떠오르나요?
17. 먹어 본 것 중 가장 이상한 것이 있다면 무엇인가요?
18. 자신만의 독특한 습관에 대해 이야기해 보세요.
19. 일생 동안 달성하고 싶은 목표를 말해 보세요.

## "남자와 여자를 만드신 하나님"

### 1. 성(sex)과 젠더는 어떻게 다른가요?

성은 남자와 여자의 서로 다른 신체적 특징이다. 요즘에는 '젠더'(gender)라는 말을 많이 쓰는데, 이것은 '성 역할'의 의미에 더 가깝다. 그래서 남자의 몸을 가졌다고 해도 스스로 생각하기에 자신이 여자라면 '여성'이라고 말할 수 있는 것이다. 예전에는 '트랜스젠더'(transgender)라고 하면 성전환 수술을 한 사람들을 일컫는 말이었다. 하지만 이제는 몸은 남자지만 본인이 여성이라고 생각하는 사람들, 거꾸로 몸은 여자지만 본인이 남자라고 생각하며 살아가는 사람들까지 통틀어 트랜스젠더라고 부른다.

또 예전에는 입국 서류에 자신이 여성인지 남성인지 표시하는 곳에 'sex'라고 씌어 있었다. 그런데 지금은 'gender'라고 되어 있다. 그 말은 남자도 여성이라고 쓸 수 있고, 여성도 남성이라고 쓸 수 있다는 의미다. 미국의 초등학교에서는 이미 젠더 플루이드(gender-fluid)라는 개념을 가르친다. 아침에는 여자, 점심에는 양성애자, 저녁에는 레즈비언이 될 수 있다는 개념이다.

하나님이 우리를 여성 또는 남성으로 만드셨을 때는 그에 적절한 목적이 있으셨다. 사탄이 에덴동산의 선악과를 따먹도록 하와를 유혹한 것처럼 지금도 우리에게 똑같은 질문을 하고 있다.

'왜 성을 하나님이 선택해? 하나님이 너에게 준 성이 진짜야? 그건 아닐 수도 있어. 실험을 해봐야 네가 남자인지 여자인지 알지. 테스트해 봐. 네 성은 네가 정하는 거야. 네 몸의 주인은 너이고 너의 진짜 모습을 아는 것도 너야. 그러니 너의 성은 네가 결정해야 하는

Note)
성경공부 하기 전에 암송 구절을 학생들이 외우도록 한다. 각 과를 시작하기 전에 외워 오도록 하면 시간을 절약할 수 있다.

학교에서 아이들에게 성교육을 할 때 '우리는 동물이다'를 기본 전제로 깔아 둔다. 말하자면 '무엇이든 네가 원하는 대로 해라, 하고 싶은 대로 해라'는 것이다. 반면 성경은 인간이 하나님의 말씀에 따라 하나님의 형상대로 지음받은 존재이기 때문에 '우리는 동물이 아니다'라는 것을 기본 전제로 둔다. 따라서 성교육의 기본은 우리는 하나님의 형상으로 지음받은 존재이며 동물과 다르다는 것이다.

사람이 하나님의 형상을 가졌다는 것은 하나님과 닮았다는 말인데, 아이들은 '그러면 하나님은 우리와 같은 모습이겠구나'라고 생각할 수도 있다. 하지만 우리가 하나님의 형상을 가졌다는 것은 하나님도 우리처럼 몸을 가졌다는 의미가 아니다. 왜냐하면 '하나님은 영이시기' 때문이다(요 4:24). 따라서 하나님은 육체를 가지고 계시지 않는다는 것을 알려 준다.

거야'라고 사탄은 속삭인다.

학생들에게 성과 젠더의 차이점, 그리고 하나님이 왜 우리를 여자와 남자로 만들었는지를 알려 주어야 한다.

2. 하나님은 우리를 하나님의 형상으로 만드셨습니다. 동물과 사람은 어떻게 다르게 지으셨나요?

① 우리에게는 영과 육체를 모두 주셨지만(전 12:7), 동물에게는 육체만 있다.

▷▷ 사람은 영적인 존재이지만, 개, 고양이, 원숭이 등의 동물은 영이 없다. 사람이 죽으면 그 영은 하나님 앞에 가서 심판받게 되고 영원히 살지만, 동물은 죽으면 끝이다. "여호와 하나님이 땅의 흙으로 사람을 지으시고 생기를 그 코에 불어넣으시니 사람이 생령이 되니라"(창 2:7)의 말씀처럼 하나님이 흙으로 우리 몸을 만드시고 우리 코에 하나님의 영을 불어 넣으셨다. 우리에게 영이 있게 된 것이다.

여기서 짚고 넘어가야 할 것은 우리 몸은 흙으로 돌아가되, 영은 하나님께로 간다는 것이다. "흙은 여전히 땅으로 돌아가고 영은 그것을 주신 하나님께로 돌아가기 전에 기억하라"(전 12:7). 우리 몸이 흙으로 돌아간다는 것에는 큰 의미가 있다. 그것은 우리가 흙으로 만들어진 존재라는 증거이기 때문이다. 실제로 사람이 죽고 나서 오랜 시간이 흐른 뒤에는 그 몸이 흙으로 변한다. 놀라운 사실 아닌가? 또한 우리가 영적인 존재라는 것도 생각해 봐야 한다.

우리에게 왜 영혼이 있을까? 기독교인이든 아니든 우리는 영적인 존재이기 때문에 항상 갈망하는 것이 있다. 인간은 뭔가에 의지하고 싶은 마음, 즉 영적인 목마름 때문에 고대로부터 신을 찾았다.

이 세상 어디에도 종교가 없는 곳이 없다. 사람은 태양을 믿든 달을 믿든 동물을 믿든 뭔가에 의존하려는 심리가 있는데, 이는 우리에게 영혼이 있기 때문이다.

하나님을 만나면 그런 목마름이 해결된다. 우리의 영혼이 하나님을 만나면 완전한 만족을 누린다. 그래서 형식적으로만 교회를 다니는 게 아니라 하나님과 인격적으로 만나는 것이 중요하다. 학생들에게 그런 영혼의 중요성을 꼭 얘기해 주어야 한다.

② 우리는 하나님과 대화할 수 있다(렘 29:12). 우리는 영적인 존재이기 때문에 기도를 통해 하나님과 대화하고 소통할 수 있다.

▷▷ 인간과 동물의 가장 큰 차이점은, 인간은 사회적인 존재라는 것이다. 따라서 인간은 누군가와 끊임없이 교제하길 원한다. 하나님이 에덴동산에 만드신 다른 동물들은 암컷과 수컷이 함께 있는데 아담만 혼자 외롭게 있었다. 그래서 하나님이 하와를 만들어 주셨다. 그것은 우리가 행복하려면 교제가 있어야 한다는 의미다.

교제에는 두 가지가 있다. 하나는 사람과 사람 사이의 교제이고, 다른 하나는 사람과 하나님 사이의 교제다. 사람은 이 두 가지에서 만족을 얻을 때 행복한 삶을 살 수 있다. 앞에서 살펴 보았듯이 우리가 영적인 존재이기 때문에 기도를 통해서 하나님과 소통할 수 있는 것이다.

동물은 그렇지 않다. 사람만 하나님과 소통하고 교제할 수 있다. 사람은 영적인 존재이고 하나님과 소통하기 위해서 만들어졌기 때문이다.

③ 우리에게는 자유의지가 있다(마 22:37). 하나님을 사랑하는 것은 로봇처럼 되는 게 아니라 우리의 의지로 하는 것이다.

▷▷ 하나님은 우리를 이성적이고 의지적인 존재로 창조하셨다. 바로 자유의지를 주신 것이다. 기계를 발명하고 그림을 그리고 음악을 즐기고 수학을 푸는 등 인간의 모든 행위는 인간이 이성적이며 자유의지를 가졌다는 증거이다. 반면 동물은 자유의지가 없다. 그저 욕구대로 행동한다. 무언가를 이루겠다는 생각을 가지고 끈기 있게 노력하려는 의지가 없다.

인간에게 이런 자유의지가 있기 때문에 도덕적인 존재가 될 수 있는 것이다. 인간의 악한 행동들을 심판하기 위해서 법을 만들었지만, 그 법 또한 완벽하지 않기 때문에 변하기 마련이다. 기독교인이 아니라 해도 인간은 어느 정도 선과 악에 대한 분별이 있다. 어린 아기를 처참하게 죽였다는 뉴스를 접할 때 비기독교인이라 해도 그것이 잘못된 일임을 알기에 분노한다. 그리고 인간은 잘못을 저지르면 죄책감과 양심의 가책을 느낀다. 이처럼 인간에게 양심이 있다는 것, 인간이 양심적인 존재가 될 수 있는 것은 하나님이 주신 자유의지 덕분이다. 이것 역시 하나님의 형상으로 만들어진 우리 안에 하나님의 거룩함과 선하심이 존재한다는 증거이다. 비록 아담의 원죄 이후 우리의 거룩함이 깨어지고 의로운 상태가 거의 없어졌지만 아직은 희미하게 남아 있다. 그것이 바로 자유의지와 양심이다.

"네 마음을 다하고 목숨을 다하고 뜻을 다하여 주 너의 하나님을 사랑하라 하셨으니"(마 22:37)라는 말씀처럼 우리는 하나님을 사랑할 때 자유의지를 사용해야 한다. 인간이 자연스럽게 하나님을 사랑하게 되는 일은 없다. 하나님을 찾고, 하나님을 사랑하고, 하나님과 관계를 맺기 위해서는 자유의지가 필요하다. 이는 우리가 하나님을 사랑하지 않을 수도 있고, 하나님을 저주하거나 대적할 수도 있다는 말이다. 그 결과 하나님의 자녀라는 특권을 내던져버리게 된다. 자유의지를 가진 유일한 존재는 사람이며, 이는 동물과 다른 차별점이다.

④ 우리는 하나님의 목적을 위하여 창조되었다(시 57:2). 아무렇게 사는 게 아니라 하나님이 나에게 주신 목적에 맞게 살아야 한다.

▷▷ 하나님이 사람을 지으실 때 삶의 목적을 주셨다. 그러나 동물은 살아야 할 이유를 모른 채 본능대로 살다 죽는다. "내가 지존하신 하나님께 부르짖음이여 곧 나를 위하여 모든 것을 이루시는 하나님께로다"(시 57:2)라는 말씀을 영어로 보면 하나님이 우리에게 목적을 주신 이유가 더 와닿는다. "I cry out to God Most High, to God who fulfills his purpose for me"(ESV). 즉 하나님이 우리를 지으신 목적이 있는데, 우리로 그 목적을 성취(fulfill)하게 하신다는 의미이다. 그래서 우리는 그 목적을 이루게 하시는 하나님께 부르짖는다는 것이다.

사람이 배불리 먹고, 돈 많이 벌고, 좋은 차, 좋은 학교, 좋은 집을 위해서만 이 세상을 산다면 그것처럼 불쌍한 인생이 없다. 내 욕구만을 위해서 산다면 동물과 다름없다. 사람은 그것만으로는 행복해질 수 없다. 사람은 하나님이 주신 목적을 찾아야 한다. 그리고 그 목적을 위해 사명을 가지고 살 때 행복하다. 그래서 우리가 하나님의 목적을 위해 창조되었음을 깨닫는 순간 재능, 성격, 시간, 환경 등이 왜 나에게 주어졌는지 알게 된다. 그리고 그 목적을 위해서 우리에게 주신 것들을 쓰게 될 때 정말로 행복한 삶을 살게 된다. 다시 말해 우리가 이 세상을 그냥 살다 가는 것이 아니라 하나님이 주신 목적을 깨닫고 그 목적을 위해서 살 때 가장 행복하다.

하나님이 나를 창조하신 목적을 깨달으면 내가 왜 이 가정에서 태어났는지, 내가 왜 이 나라에서 태어났는지, 내가 왜 공부하는지, 내가 왜 책들을 많이 읽어야 하는지, 내가 왜 건강을 위해 운동해야 하는지, 내가 왜 성경 말씀을 읽어야 하는지, 내가 왜 교회에 가서 예배를 드려야 하는지 알게 된다. 목적이 없는 사람은 생각 없이 사는 사람이다. 그래서 학생들에게 그 목적을 알아야 함을 가르쳐 주어야 한다.

참고로 소요리문답 제1문 '인간의 제일 되는 목적은 무엇인가?'에 대한 답이 "하나님을 영화롭게 하는 것과 영원토록 그를 즐거워하는 것"이라는 사실만 보아도 하나님이 우리를 지으신 목적을 확인할 수 있다. 어떻게 하면 내가 하나님께 영광을 돌릴까, 내가 어떤 일을 통해 하나님을 기쁘시게 할까 고민하는 학생들은 참으로 행복한 사람이다.

⑤ 우리는 영원히 사는 존재로 창조되었다(요 3:16). 예수님을 믿으면 천국에서 영원히 살게 되지만 예수님을 믿지 않으면 영원히 지옥에서 살게 된다.

▷▷ 하나님이 우리를 영원히 사는 존재(Eternal being)로 지으셨다는 것은 우리에게 영생을 주셨다는 의미이다. 예수님이 우리를 위해 십자가에서 죽으시고 부활하셨다는 것을 믿으면 영생을 얻어 천국에서 영원히 살게 된다. 이는 참으로 감사하면서도 한편으로는 두려운 일이기도 하다. 왜냐하면 영원히 하나님과 함께 사느냐 아니면 지옥에서 사느냐 둘 중 하나를 선택해야 하기 때문이다.

창세기 1장 24절-2장 25절을 읽고 답해 보세요.

1. 창세기 1장 26-27절에서 하나님은 누구의 형상으로 우리를 창조하셨습니까?

하나님의 형상대로 우리를 창조하셨다.

▷▷ 이것은 우리가 하나님과 같은 존재라는 말이 아니라 닮았다는 뜻이다. 사람이 기계를 발명하고 멋진 빌딩을 세우고 음악을 만드는 등의 일을 할 수 있는 것은 하나님의 지적인 능력을 닮았기 때문이다. 또한 우리는 하나님의 거룩의 형상을 닮은 존재이다. 처음에 아담과 하와는 의롭고 결백한 상태로 지어졌는데 이것은 하나님의 거룩함을 나타낸다. 그 후 죄 때문에 하나님의 형상이 많이 손상되었지만 우리에게 있는 양심이나 도덕적 기준은 하나님의 거룩함을 가졌던 흔적이 아직 남아 있는 증거다. 지금의 우리는 하나님의 형상을 가졌지만 죄로 인해 하나님의 형상들이 손상이 된 상태다.

2. 창세기 1장 28절에서 하나님은 우리에게 무엇을 명령하셨습니까?

"생육하고 번성하여 땅에 충만하라."

### 3. "생육하고 번성하여 땅에 충만하라"는 말씀의 의미는 무엇입니까?

성경은 하나님이 왜 남자와 여자를 다르게 만드셨는지 그 목적을 정확히 알려 준다.
하나님은 우리가 많은 자녀를 낳아 하나님을 기쁘시게 하는 아름다운 가정을 이루기 원하신다. 모든 나라가 자손 대대로 하나님을 예배하고, 하나님께 영광 돌리며, 하나님이 만드신 창조물을 즐기기를 원하신다.

### 4. 최초에 결혼은 누가 만들었습니까?(창 2:18, 24)

하나님

▷▷ 태초에 하나님이 결혼을 만드셨다. 가정은 정부가 만든 조직이 아니다. 하나님은 교회보다 가정을 먼저 세우셨으며 가정은 가장 작은 단위의 교회이다. 가정이 올바로 서야 교회가 건강하게 되고 나아가 사회가 건강해진다.

### 5. 사람을 창조하신 후 하나님은 무엇이라 말씀하셨습니까?(창 1:31)

"보시기에 심히 좋았더라."

▷▷ 사람이 살기에 완벽한 세상과 아담과 하와를 만드신 후에 하신 말씀이다. 하나님은 아담과 하와가 하나님이 만드신 세상에서 행복하게 살기를 바라시며 흐뭇해하셨다. 하나님의 사랑을 듬뿍 받는 존재가 생긴 것과 또한 그 사랑을 하나님께 표현하는 아담과 하와를 보며 너무 좋으셨다.

6. 하나님이 성(Sex)을 인간에게 주신 세 가지 이유는 무엇입니까? 하나님은 남자와 여자에게 다른 생식기관을 주셨습니다. 그 목적이 무엇입니까?

① 출산과 번식을 위해(창 1:28)

▷▷ "생육하고 번성하라"는 것은 하나님의 명령이다. '생육'은 열매를 맺는다는 뜻이고, '번성'은 점점 증가한다는 뜻이다. 하나님이 여자와 남자를 만드신 이유는 하나님의 형상을 닮은 존재들을 계속 낳아서 늘리기 원하셨기 때문이다. 하나님의 형상을 닮은 많은 자녀가 하나님을 더 사랑하며 교제하는 것이 하나님의 계획이었음을 알 수 있다.

② 하나 됨을 위해(창 2:24-25)

▷▷ '하나'란 남자와 여자가 영적, 육적, 정신적으로 일치함을 의미한다. 영혼이 있는 존재인 사람은 하나님과의 교제, 사람과 사람 사이의 교제를 갈망하는데, 이렇게 남녀가 연합하는 교제를 통해 행복을 느낄 수 있다. 이것은 하나님의 완전함을 표현하기 위해서이며, 사회적 존재로서 행복해지기 위해서다. 따로 존재하는 남자와 여자는 완전하지 않기 때문에 "그의 아내와 합하여 둘이 한 몸을 이룰지로다"(창 2:24)라는 말씀처럼 남편과 아내가 긴밀하게 하나 됨을 경험하면서 하나님과 하나 됨을 알게 되는 것이다.

하나 됨의 또 다른 이유는 신랑이신 예수님과 신부인 우리가 하나가 되어 연합한다는 말씀 속에 있다. 예수님이 교회를 얼마나 사랑하시는지, 예수님이 얼마나 우리와 하나 되기를 원하시는지는 남편과 아내가 하나 됨의 경험을 통해 알 수 있다. '내가 네 안에, 네가

**왜 하나님은 사람을 남자와 여자로 만들었을까?**

하나님은 정의와 자비, 강한 힘과 아름다움, 양육하심과 보호하심 등 두 가지 다른 성향, 즉 남성적인 면과 여성적인 면을 동시에 다 가지고 계신 완전하신 분이다.
하나님은 하나님의 모든 것을 인간이라는 하나의 존재에게 다 주지 않으셨다. 피조물인 우리가 하나님이 될 수 없기 때문이다. 그래서 하나님은 하나님의 완전함을 남자와 여자라는 피조물에게 각각 나누어 주셨다. 따라서 하나님의 남성적인 면과 여성적인 면을 가진 남자와 여자가 하나 되었을 때, 즉 하나님의 피조물인 아담과 하와가 연합(unity)했을 때 하나님의 완전함을 보여 주는 것이라 할 수 있다.

내 안에.' 포도나무와 포도나무 가지의 비유처럼 우리가 예수님께 꼭 붙어서 하나가 되는 것처럼 남편과 아내가 하나 될 때 진정한 기쁨을 맛볼 수 있다.

③ 즐거움을 위해(잠 5:18-19)

▷▷ 남성은 여성에게 끌리고 여성은 남성에게 끌리게끔 하나님이 남자와 여자를 다르게 만들어 주셨다. 또한 가정을 이루고 아기를 가지는 과정은 재미있고 즐거운 것으로 하나님이 만드셨다. 영적, 정신적, 육체적으로 남자와 여자가 연합하는 것은 아주 즐겁고 기쁜 일이다. 부부의 하나 됨은 의무가 아니라 굉장히 자연스러운 일이다.

## 소그룹 토론 시간

1. 하나님은 남자와 여자를 만드신 후 생육하고 번성하라고 명령하셨습니다. 죄가 이 세상에 들어오면서 우리는 결혼과 출산에 대해 부정적인 생각을 하게 되었습니다. 결혼과 출산에 관해서 사람들이 많이 하는 부정적인 생각은 무엇인지, 왜 부정적으로 생각하는지 의견을 나누어 봅시다.

▷▷ 서로 토론하며 의견을 나눈다. 가족은 그 어떤 때보다 심한 공격을 받고 있다. 한국의 20대 청년 열 명 중 일곱 명은 결혼에 대해 부정적으로 생각한다.[5] 결혼을 서로를 얽어매는 제도라고 생각하기도 하고, 성관계 자체를 악하고 더럽다고 생각하여 결혼을 안 하기도 한다. 또 아기를 낳는 것에 대한 무거운 책임감, 경제적

부담, 경력 단절, 그동안 쌓아 온 꿈 포기 등의 이유로 한국인의 출생률이 세계 최저다. 그리고 가정에서 받은 상처와 사회의 세속적 인본주의로 인해 가정관과 생명관이 왜곡 파괴되었다.

한 예로 그룹 'One Planet, One Child'의 후원으로 캐나다 밴쿠버에 광고판들이 올라갔다. "첫 아이에게 줄 수 있는 가장 사랑스런 선물은 무엇인가?" 그 선물은 "또 다른 아이를 갖지 않는 것"이라고 써 있다. 이런 식으로 곳곳에서 아이를 낳지 말라고 홍보하고 있다.[6]

2. 기독교인으로서 결혼과 임신을 어떻게 생각해야 할까요?

▷▷ 서로 토론하며 의견을 나눈다. 하나님은 처음부터 결혼을 통해 한 남자와 한 여자가 서로를 신뢰하고 두 사람이 영적, 정신적, 육체적으로 연합하기를 원하셨다. 결혼을 통해 두 사람은 그 누구도 깰 수 없는 관계가 되는 것이다. 하나님은 우리를 너무 사랑하셔서 결혼이라는 최고의 선물을 주셨다. 하나님은 우리가 이 선물을 잘 누리면서 하나님께 감사하는 삶을 살기를 원하신다. 하나님은 자녀를 "여호와의 기업이요 태의 열매는 그의 상급"(시 127:3)이라고 말씀하신다. 자녀는 하나님이 주신 귀한 축복의 선물이다.

## 독서 토론

중학생 《성과 새로운 나》(우리 자녀 성경적 성교육 시리즈 개정판)

Chapter 1 궁금한 이야기

Chapter 2 너는 특별한 청소년이야

Chapter 3 성이란 뭘까?

* 효과적인 토론을 위해《성과 새로운 나 워크북(남 · 여 통합본)》을 참고하세요.

고등학생 《사랑, 성 그리고 하나님》(우리 자녀 성경적 성교육 시리즈 개정판)

Chapter 1 성에 대한 하나님의 계획

Chapter 2 남자와 여자의 성적 체계

* 책을 읽으면서 생겼던 질문이나 느낀 점들을 소그룹으로 나눕니다.

## 제1과 숙제

1. 다음 과의 독서 토론을 위해 책을 읽어 오세요.

중학생:《성과 새로운 나》 Chapter 4, 5, 6

고등학생 :《사랑, 성 그리고 하나님》 Chapter 3, 4

2. 영화 <용기와 구원>(*Courageous*)을 구입해 부모님과 같이 시청하고, 느낀 점들을 나누어 보세요. 학생용 책에 영화 감상문을 작성하세요.

## 제2과

# 나를 경이롭게 만드신 하나님

요점

1. 우리를 경이로운 영적 존재로 지으신 하나님
2. 우리를 하나님과 소통할 수 있도록 만드신 하나님
3. 우리가 엄마 배 속에 태아로 있었을 때에도 우리를 알고 계셨던 하나님

암송구절

내가 주께 감사하옴은 나를 지으심이 심히 기묘하심이라
주께서 하시는 일이 기이함을 내 영혼이 잘 아나이다(시편 139편 14절)

| 프로그램 순서 | | 소요시간 3시간 | 설명 |
|---|---|---|---|
| 소그룹 | 숙제 점검 | 10분 | 영화 나누기: <용기와 구원>(*Courageous*) |
| 전체 그룹 | 태아의 발달 과정 "나를 경이롭게 만드신 하나님" | 15분 | '태아의 발달 과정'에 관한 유튜브 영상이나 DVD를 구입하여 시청하기 |
| 전체 그룹 | 태아의 발달 과정 "나를 경이롭게 만드신 하나님" | 30분 | 전체 인솔자가 인도 |
| 소그룹 / 전체 그룹 | 토론 시간 | 30분 | 각 그룹 선생님 / 두 명의 리더가 인도 |
| 전체 그룹 | 임신 기간의 증상 알아보기 | 15분 | 까나리액젓, 작은 컵 |
| 소그룹 | 엄마에게 편지 쓰기 | 15분 | 예쁜 편지지, 잔잔한 음악 |
| 전체 그룹 | 숙제 공지 / 기도 | 15분 | 한주 동안 해야 할 숙제 알려 주기 |
| 소그룹 중학생 | 독서 토론 "성과 새로운 나" | 1시간 | 그룹별로 토론하기 |
| 소그룹 고등학생 | 독서 토론 "사랑,성 그리고 하나님" | 1시간 | 그룹별로 토론하기 |

Note)
'태아의 발달 과정'을 보기 전에 암송구절을 학생들이 외우도록 한다. 암송구절을 교육 시간 전에 외워 오면 시간을 절약할 수 있다.

## 태아의 발달 과정 "나를 경이롭게 만드신 하나님"

※ 태아의 발달 과정 영상을 보세요.

▷▷ 유튜브(YouTube)에서 '태아의 신비'를 검색하여 배 속에서 아기가 어떻게 자라는지를 아이들과 함께 시청한다. DVD를 구해 시청하는 방법도 좋다. 시간 상 15분 내외의 영상을 선택한다.

### 준비물

양귀비 씨앗, 강낭콩, 레몬, 당근, 양배추, 코코넛,
허니듀 멜론, 늙은 호박 또는 수박
"심콩이"(12주 태아 모형: 네이버에서 검색)를 구입하여 학생들에게 나눠 주기

### 태아의 발달 과정

영상을 본 후 각각의 씨앗과 채소, 과일을 준비하여 아이들이 만져 보게 하고 각 발달 과정을 설명한다.

▷▷ 하나님은 예레미야 선지자가 모태에서 지어지기도 전에 그를 알았다고 말씀하셨다(렘 1:5). 그리고 태에서 나오기도 전에 예레미야를 구별하여 열방의 선지자로 세웠다고 하셨다. 아이가 태어

1개월

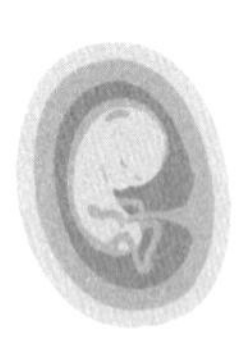
2개월

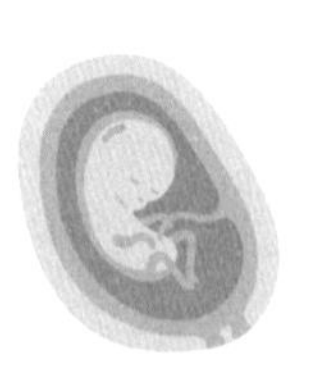
3개월

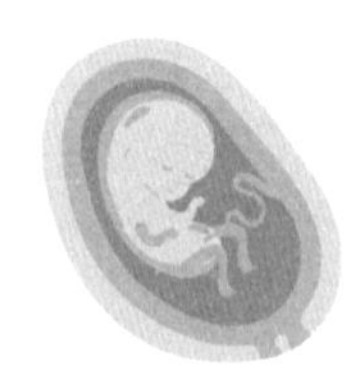
4개월

5개월

나기 전부터 하나님이 아셨다는 말씀이다. 그렇다면 이 태아를 하나님이 얼마나 귀하게 생각하시는 것인가? 세례 요한은 태어나기 400년 전에 말라기 선지자가 예언한 사람이다. 하나님은 우리 한 사람 한 사람에게 정말 큰 관심을 가지고 계시다.

"생명은 언제부터입니까? 인간의 생명은 언제 시작합니까?" 이러한 질문을 학생들에게 해보라. 그러면 대부분 "아기가 태어났을 때부터"라고 대답할 것이다. 그러나 성경은 임신한 순간인 "수정되었을 때부터" 생명이라고 말하고 있다. 아이들의 인식을 바로잡아 주라.

• 4주차 태아: 양귀비 씨앗만큼 작은 크기이다. 이때는 두 개의 층으로 나뉘어 있고, 거의 눈에 보이지 않을 정도로 작다. 하지만 그 안에 내장이 될 자리, 골격 등이 정해진다.

• 5주차 태아: 통깨만한 크기다. 이때는 세 개의 층으로 나뉜다. 한 층은 간, 방광, 췌장, 폐, 다른 한 층은 근육, 심장, 콩팥, 림프, 혈액, 그리고 또 다른 한 층은 머리, 피부, 손톱, 눈, 코, 귀, 뇌 등으로 나뉘는 것이다. 너무나 작은 생명체이지만 이 안에 모든 정보가 들어 있고, 신체를 형성할 준비를 하고 있다. 탯줄이 형성되기 시작한다.

• 8주차 태아: 강낭콩 크기가 된다. 강낭콩을 준비해서 테이블 위에 놓고 아이들이 그것을 만져 보게 하면서 설명하라. 8주가 되었을 때 태아는 눈꺼풀과 호흡기가 생긴다. 그리고 아기의 손이 심장 쪽으로 모아질 수 있도록 길어진다. 그리고 무릎이 생긴다.

• 14주차 태아: 레몬 크기가 된다. 아이들이 돌아가면서 레몬을 한 번씩 만져 보도록 한다. 이 시기에는 지문이 생긴다. 만약 14주 태아의 성별이 여아라면 어린 난자가 배 속에 생긴다. 평생 동안 배란이 될 난자가 거의 200만 개 생긴다. 이때 태아의 머리 사이즈가

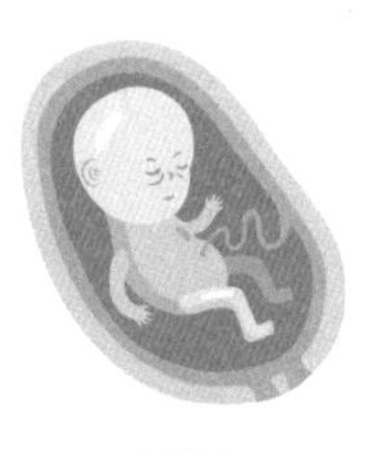
6개월

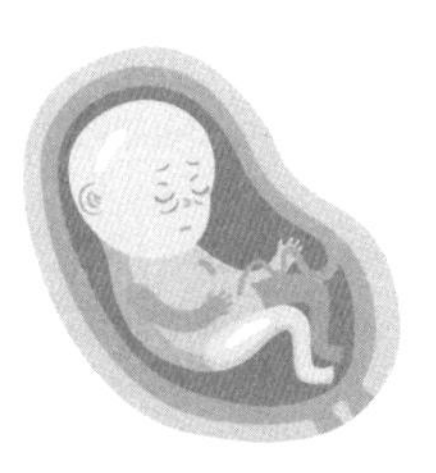
7개월

8개월

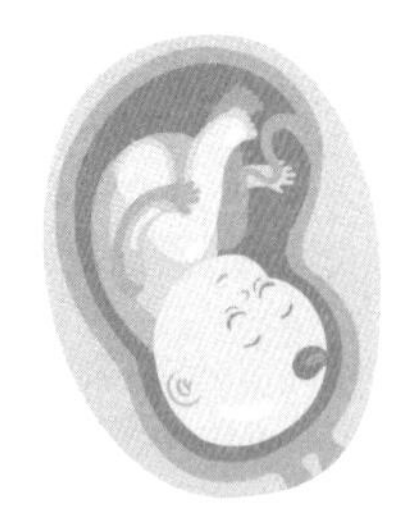
9개월

몸의 3분의 1이 된다.

• 21주차 태아: 당근 크기가 된다. 20주가 되면 대부분 듣기 시작한다. 그래서 이때부터 책이나 성경을 읽어 주고 기도하면, 아이는 들을 수 있다. 21주가 되면 눈썹이 생긴다.

• 27주차 태아: 흰꽃양배추 크기가 된다. 이때 머리가 자라기 시작한다. 그리고 이 시기에 태아는 입으로 숨을 쉰다. 이는 사실 호흡하는 건 아니다. 이때의 태아는 탯줄을 통해서 호흡하지만 입으로 숨을 쉬는 이유는 폐를 준비시키기 위해서이다. 엄마 배 속에서 나갔을 때 숨을 쉬어야 하기 때문에 미리 준비하는 것이라고 할 수 있다. 이 시기의 태아는 소리에 민감하게 반응한다. 그래서 배 속에서 발로 차고 움직인다. 누가복음 1장 41-43절을 보면 예수님의 어머니 마리아가 세례 요한의 어머니 엘리사벳 집을 방문했는데, 문안하는 소리를 들은 세례 요한이 자궁 안에서 기뻐 뛰어놀았다고 했다. 그러니까 아기도 감정, 기쁨이 있고 의지가 있음을 알 수 있다. 그리고 27주가 된 태아는 저녁에 자고 아침에 일어나는 일들을 일상적으로 한다.

• 31주차 태아: 코코넛 크기가 된다. 이때 머리나 팔, 다리를 돌릴 수 있다. 이 시기는 태아의 움직임이 한창 많을 때다.

• 35주차 태아: 허니듀 크기가 된다. 대부분의 신체 기관이 완성된다.

• 40주차 태아: 수박만 한 크기가 된다. 이때 태아의 머리카락이 많이 자란다. 그리고 머리가 아래에 위치해 밖으로 나올 준비를 한다. 머리가 밑으로 내려오지 않으면 출산 시 매우 위험하다. 아이가 나올 때를 알고 몸의 위치를 바꾼다는 것만으로도 신묘막측한 일이다.

## 토론 시간

1. 배 속의 태아에게 영혼이 있다고 생각하나요?(참고, 시 139:13; 렘 1:5)

네.

▷▷ 성경구절을 함께 찾아 읽어 본다.

주께서 내 내장을 지으시며 나의 모태에서 나를 만드셨나이다(시 139:13).

내가 너를 모태에 짓기 전에 너를 알았고 네가 배에서 나오기 전에 너를 성별하였고 너를 여러 나라의 선지자로 세웠노라 하시기로(렘 1:5).

피부와 살을 내게 입히시며 뼈와 힘줄로 나를 엮으시고 생명과 은혜를 내게 주시고 나를 보살피심으로 내 영을 지키셨나이다(욥 10:11-12).

하나님은 우리가 태아로 만들어지기 전부터 알고 계셨고, 엄마 배 속에 있을 때도 우리를 알고 계셨다. 하나님은 우리를 향한 놀라운 계획을 가지고 계시다. 그러므로 태아에게도 영혼이 있다.

2. 만약 3주 된 배 속의 아기가 죽었다면 그 아기는 천국에 갔을까요, 지옥에 갔을까요?

▷▷ 다음의 옵션 1과 옵션 2 중에 하나를 택하게 하고 두 그룹이 토론하게 한다. 각 그룹의 학생들이 성경을 찾아 서로 발표하게 하라. 한 명씩 나와서 발표하면 상대방이 질문을 하고 답을 하는 식

으로 토론해서 아이들의 기억에 남게끔 이야기를 이끌어라. 답은 옵션 2다.

옵션 1: 자신의 죄를 회개하지 않고 예수님을 영접하지 않았기 때문에 지옥에 간다(참고, 행 4:12, 16:30-31; 요 14:6).

> 다른 이로써는 구원을 받을 수 없나니 천하 사람 중에 구원을 받을 만한 다른 이름을 우리에게 주신 일이 없음이라 하였더라(행 4:12).
> 그들을 데리고 나가 이르되 선생들이여 내가 어떻게 하여야 구원을 받으리이까 하거늘 이르되 주 예수를 믿으라 그리하면 너와 네 집이 구원을 받으리라 하고(행 16:30-31).
> 예수께서 이르시되 내가 곧 길이요 진리요 생명이니 나로 말미암지 않고는 아버지께로 올 자가 없느니라(요 14:6).

옵션 2: 태아는 배 속에서 아무것도 할 수 없다. 죄를 자백하거나 예수님을 영접할 능력이나 기회가 없는 상태이다. 하지만 아기가 순진하여 아무것도 모르기 때문에 구원을 받는 것이 아니라 하나님의 은혜로 아기는 구원을 받을 것이라고 믿는다(참고, 신 1:39; 삼하 12:23; 막 10:14; 엡 2:4-5).

> 또 너희가 사로잡히리라 하던 너희의 아이들과 당시에 선악을 분별하지 못하던 너희의 자녀들도 그리로 들어갈 것이라 내가 그 땅을 그들에게 주어 산업이 되게 하리라(신 1:39).
> - 구원의 언약을 통해 하나님을 알지 못한 자녀들에게도 땅을 약속하심.
> 지금은 죽었으니 내가 어찌 금식하랴 내가 다시 돌아오게 할 수 있느냐 나는 그에게로 가려니와 그는 내게로 돌아오지 아니하리

라 하니라(삼하 12:23).

- 다윗왕이 어린 아들이 죽은 후에 한 말

예수께서 보시고 노하시어 이르시되 어린 아이들이 내게 오는 것을 용납하고 금하지 말라 하나님의 나라가 이런 자의 것이니라(막 10:14).

긍휼이 풍성하신 하나님이 우리를 사랑하신 그 큰 사랑을 인하여 허물로 죽은 우리를 그리스도와 함께 살리셨고(너희는 은혜로 구원을 받은 것이라)(엡 2:4-5).

태아가 죽으면 지옥에 간다고 선택한 아이들은 예수님을 믿지 않으면 지옥에 간다고 이야기할 것이다. 태아가 예수님을 영접하지 않았기 때문에 지옥에 간다고 생각할 수 있다. 태아가 천국에 간다고 답하는 아이들은 아기가 죄를 짓지 않았기 때문에 천국에 간다는 식으로 이야기할 것 같다. 이 과정을 통해 아이들은 자신이 얼마나 말씀을 모르는지 깨닫게 된다. 이 토론회를 통해 많은 말씀을 접하면서 태아를 향한 하나님의 마음을 알게 된다.

성경에서 분명하게 태아가 죽으면 천국 간다고 이야기한 구절은 없다. 하지만 예수님이 너희가 어린아이와 같지 않으면 천국에 못 간다는 얘기를 하셨고(막 10:14), 또 다윗이 밧세바와 간음하여 낳은 아이를 하나님이 데려가시는 장면을 보면 그가 슬픔에 겨워 울다가 "나는 그에게로 가려니와 그는 내게로 돌아오지 아니하리라"(삼하 12:23)고 이야기한다. 아들이 어려서 예수님을 영접하지 않았을 가능성이 많음에도 분명히 하나님에게 간 것이라 생각하고 다윗이 고백한 것임을 알 수 있다.

그러면 이런 질문이 나올 수 있다. "배 속에 있는 아기는 원죄가 없겠네요. 그러니까 천국 가는 것 아닌가요?" 하고 물어볼 수 있는데 그것은 아니다. 원죄는 누구에게나 다 있다. 태아에게도 원죄는 있다. 하지만 태아가 무슨 일을 하거나, 하지 않아서가 아니라 하나님의 은혜로 말미암아 구원받는 것이다. 하나님은 공평하고 의로우시며 사랑의 하나님이시다. 이런 하나님이 태아에게 '너는 나를 믿지 않았기 때문에 그냥 지옥에 가라'고 하시진 않을 거라 생각한다. 오히려 이런 아기들을 하나님이 건져 주실 거라고 소망하고 믿는다.

### 3. 낙태는 여성의 권리인가요?

▷▷ 많은 경우 낙태를 굉장히 어려운 문제라고 생각한다. 하지만 사실 낙태를 둘러싼 사회적 문제들이 어려운 것이지 낙태 자체에 대한 문제는 굉장히 단순하다. 태아는 생명이기 때문에 엄마 배 속에 있을 때 낙태를 하는 것은 살인이다. 이렇게 간단한 문제이지만 사회에서는 과연 몇 주 된 태아까지를 사람으로 보느냐에 중점을 두고 있다.

과연 4-5주 된 태아는 생명인가, 아니면 엄마의 장기에 생겨난 혹 같은 것인가? 태아는 완전히 다른 인격체를 가진 생명체이다. 1973년 미국에서는 처음으로 낙태를 합법화하였다. 아무리 그렇더라도 낙태는 옳지 않다. 미국에서는 주마다 조금씩 법이 다르긴 하지만 뉴욕에서는 배 속에서 나오기 1분 전이라도 죽일 수 있다는 법이 통과된 상황이다(2019, 생식보건법 Reproductive Health Act).

한국은 임산부의 생명, 신체적, 정신적 건강, 성폭행, 태아의 결함의 이유를 제외하고는 낙태가 불법이다. 하지만 한국은 오히려 불법적인 낙태가 쉽게 이루어지고 있다. 갤럽 조사에 의하면 1년에 150만 명이 낙태되었다고 한다(1994년 조사). 한국은 현재, 인구 비례로는 가장 많은 태아를 죽이는 나라이다.

많은 사람이 낙태가 여성의 권리라고 주장한다. 그러나 낙태는 하나님의 형상으로 만들어진 아기를 죽이느냐 살리느냐의 문제다.

그래서 문제를 올바로 봐야 한다. 우리는 항상 말씀으로 돌아가야 한다. 이 세상의 모든 법 위에 있는 것이 하나님의 말씀이다. 하나님 말씀은 정확하다. 태아는 하나님의 형상을 가진 사람이다. 아기를 죽이고 살리는 것을 내가 결정하는 게 아니라 하나님이 해야 한다. 내가 한다는 생각이 잘못된 것임을 아이들에게 알려 주라.

성경의 구약시대에도 태아의 가치를 귀하게 여긴 것을 볼 수 있다. 사람이 싸우다가 임신한 여인을 쳐서 낙태하게 되면 태아의 생명을 잃어버린 것처럼 그 사람도 생명으로 갚아야 한다고 기록한다(출 21:22-25). 어른과 태아의 생명을 똑같이 귀하게 보시는 하나님의 마음을 볼 수 있다.

## 임신 기간의 증상 알아보기

임신 기간의 증상은 다음 표와 같습니다. 엄마를 생각하며 읽어 보세요.

| | |
|---|---|
| **1개월** | 피로감, 잦은 소변, 발열 증상이 있음. |
| **2개월** | 소화불량, 자주 체함, 가슴이 딱딱해짐. |
| **3개월** | 어지러움과 구역질을 느낌. |
| **4개월** | 배가 자주 고프며 살이 찌기 시작함. 배가 커지면서 살이 틈. |
| **5개월** | 헛배가 부르며 변비 증상이 생김. |
| **6개월** | 척추와 등의 고통, 손과 발이 부음. |
| **7개월** | 다리와 발에 경련이 옴. |
| **8개월** | 숨이 가쁘고 잠을 깊게 못 잠. |

▷▷ 임신했을 때의 증상을 리더 중 한 명이 나와서 발표한다(자녀가 있는 리더가 하는 것을 권장함). 까나리액젓을 작은 컵에 담아서 한 명씩 냄새를 맡아 보게 한다(임신했을 때 냉장고를 열면 엄마는 까나리액젓과 비슷한 냄새를 느낀다고 설명한다). 임신했을 때 속이 울렁거리고 입맛도 떨어지

고 속이 비면 토할 것 같은 증상이 있는 경우가 많다. 오늘은 냉면이 맛있었다가 다음날은 냉면 냄새에 토할 것 같은 증상도 있을 수 있다. 임산부들마다 느끼는 게 다르다.

## 엄마에게 편지 쓰기

준비물

예쁜 편지지

▷▷ 잔잔한 음악을 틀어 아이들이 엄마에게 진심으로 감사하는 마음을 담아 편지를 쓸 수 있는 분위기를 만들어 준다. 다 쓴 편지는 걷어 두었다가 수료식 때 나누어 준다(봉투에 아이들 이름을 꼭 쓴다).

## 독서 토론

중학생

《성과 새로운 나》(우리 자녀 성경적 성교육 시리즈 개정판)

Chapter 4 남자와 여자는 달라

Chapter 5 성은 비밀이어야 할까?

Chapter 6 새로운 나로 변하고 있어!

* 효과적인 토론을 위해 《성과 새로운 나 워크북(남·여 통합본)》을 참고하세요.

고등학생

《사랑, 성 그리고 하나님》(우리 자녀 성경적 성교육 시리즈 개정판)

Chapter 3 성과 건강

Chapter 4 남자/ 여자가 되기 위한 도전

*책을 읽으면서 생겼던 질문이나 느낀 점들을 소그룹으로 나눕니다.

## 제2과 숙제

1. '사랑의 언어 테스트'를 해보세요(큐알 참고, https://love-lang-test.netlify.app/). 본인뿐 아니라 부모님의 사랑의 언어도 알아보세요(3과를 위해 필요).

사랑의 언어 테스트

2. 제3과 독서 토론을 위해 책을 읽어 오세요.

중학생 :《성과 새로운 나》Chapter 7, 8, 9, 10

고등학생 :《사랑, 성 그리고 하나님》Chapter 5, 6

3. 영화 <파이어프루프-사랑의 도전>(*Fireproof*)을 부모님과 같이 시청하고 느낀 점들을 나누어 보세요. 학생용 책에서 영화 감상문을 작성하세요.

## 제3과

# 현숙한 여자와 믿음의 남자로 훈련시키시는 하나님

요점

1. 믿음의 남자와 현숙한 여자가 되기 위한 훈련
2. 믿음의 남자를 만나는 현숙한 여자
3. 현숙한 여자를 만나는 믿음의 남자
4. 성의 양 단면, 긍정적인 면과 부정적인 면

암송구절

남자: 깨어 믿음에 굳게 서서 남자답게 강건하라
너희 모든 일을 사랑으로 행하라(고린도전서 16장 13-14절)

여자: 고운 것도 거짓되고 아름다운 것도 헛되나
오직 여호와를 경외하는 여자는 칭찬을 받을 것이라(잠언 31장 30절)

| 프로그램 순서 | | 소요시간<br>2시간 40분 | 설명 |
|---|---|---|---|
| 소그룹 | 숙제 점검 | 10분 | 영화 나누기: <파이어프루프-사랑의 도전>(*Fireproof*) |
| 전체 그룹 | 사랑의 언어<br>알아보기 | 30분 | 전체 인솔자가 인도 |
| 소그룹 | 사랑의 선물<br>나눠 주기 | 15분 | 각 그룹에서 부모에게 받은 선물을 아이들에게 나눠 준다. |
| 전체 그룹 | 성경 공부<br>"현숙한 여자와<br>믿음의 남자" | 30분 | 전체 인솔자가 인도 |
| 전체 그룹 | 숙제 공지 /<br>기도 | 15분 | 한주 동안 해야 할 숙제 알려 주기 |
| 소그룹<br>중학생 | 독서 토론<br>"성과<br>새로운 나" | 1시간 | 그룹별로 토론하기 |
| 소그룹<br>고등학생 | 독서 토론<br>"사랑,성<br>그리고 하나님" | 1시간 | 그룹별로 토론하기 |

※ 세족식은 옵션 프로그램이므로 진행 여부를 교회에서 리더가 결정한다.

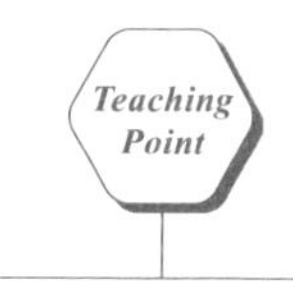


하나님은 우리 자녀들을 현숙한 여자와 믿음의 남자로 훈련하신다. 이번 과에서는 현숙한 여자와 믿음의 남자로 훈련되는 과정에 초점을 맞춰서 가르치길 바란다.

## 현숙한 여자와 믿음의 남자는 어떤 사람인가?

하나님의 성품은 거룩하심, 자비하심, 사랑하심, 용서하심, 정직하심, 지혜로우심, 보호하심, 동일하심, 신실하심 등 이루 헤아릴 수 없이 많다. 그야말로 완전한 성품을 가지셨다. 그러나 하나님은 인간을 만드실 때 그 성품을 완벽하게 주시지 않았다. 남성적인 면과 여성적인 면을 나누어서 남자와 여자에게 각각의 성품을 지니

게 하셨다. 그러한 남자와 여자가 하나 되었을 때 하나님의 완전하심을 경험하게 된다. 그런데 인간에게 죄가 들어오면서 남자와 여자에게 있던 하나님의 형상들이 손상을 입었다. 그래서 우리는 예수님을 믿음으로써 하나님의 완전한 성품을 조금씩 배우며 성화되어야 한다. 우리가 죄인이기 때문에 완벽하게 변화될 수는 없겠지만 예수님을 믿음으로 말미암아 하나님의 성품을 닮아 가야 한다는 것을 꼭 가르쳐 주어야 한다.

그렇다면 하나님이 쓰시는 믿음의 남자, 현숙한 여자는 어떤 사람인가? 또 그런 사람이 되려면 어떻게 훈련해야 하는가? 여기서 '훈련'이라는 말을 쓴 이유는 학생들에게 가르칠 때 믿음의 남자와 현숙한 여자가 되려면 훈련이 필요하다는 것을 알려 주기 위해서이다. 나이가 스무 살이 되었다고 하루아침에 현숙한 여자, 믿음의 남자가 되는 것이 아니다. 나이가 들고 오랫동안 교회를 다녀도 이기적이고 자만하며 미성숙한 사람이 될 수 있다. 그래서 훈련이 필요하다.

학생들에게 하나님의 성품을 가진 남자와 여자가 되기를 소망해야 하며, 또 그러한 상대를 만나게 해달라고 기도해야 한다는 것을 가르쳐 주라.

하나님의 자녀들은 하나님이 주신 재능과 시간과 건강 등을 잘 관리하고 발전시켜서 하나님께 쓰임 받는 사람이 되어야 한다. 만약에 자기 마음대로, 자기가 하고 싶은 대로만 하면서 산다면 믿음의 남자, 현숙한 여자가 될 수 없다. 기독교인이라 하더라도 그런 삶을 산 사람들은 하나님 앞에 섰을 때 심판이 기다리고 있다. 훈련되지 않은 남자를 만난 여자는 불행할 수밖에 없고, 훈련되지 않은 여자를 만난 남자 역시 불행할 수밖에 없다.

## 사랑의 언어 알아보기

데이트에서 소통은 굉장히 중요한 문제이다. 데이트를 할 때는 자기가 생각하는 방법이 아니라 상대방의 사랑의 언어를 알아내고 그 언어로 소통하려고 노력해야 한다. 사랑한다는 것은 상대방을 배려하는 것이며, 배려란 사랑을 느끼게 하는 것이다. 나만의 방법으로, 즉 내 사랑의 언어로만 사랑을 표현한다면 상대방이 사랑을 느낄 수 없을 것이다. 사랑의 언어를 모르고 사랑을 표현하면 집착하게 되며 상대방은 더 힘들어진다.

게리 체프먼은《5가지 사랑의 언어》에서 사랑의 유형을 다섯 가지로 나누었다. 인정의 말, 소중한 시간, 선물 나누기, 헌신의 행동, 신체 접촉 등이다. 나와 상대방의 사랑의 언어가 무엇인지 알고 서로의 사랑의 언어로 사랑한다면 데이트와 더 나아가 결혼생활에서 갈등을 줄이고, 서로 이해하며 살 수 있을 것이다. 나 중심으로 살아가는 사람이 아닌 상대방의 다름을 존중하며 살아가는 방법을 배울 수 있다. 하나님은 사랑이시며, 예수님도 하나님과 이웃을 사랑하라고 하셨다. 이 세상은 우리가 진짜 기독교인인지 아닌지를 서로 사랑하는 모습을 보고 알게 될 것이다.

다음의 '5가지 사랑의 언어' 유형을 살펴보고 자기의 사랑의 언어가 무엇인지 추측해 보자. 내가 평소에 좋아하는 것, 좋아하는 행동이 무엇인지 그룹별로 얘기해 보게 한다.

참고)
본 내용은 게리 체프먼(Gary Chapman)의《5가지 사랑의 언어》를 토대로 만들었다.
이 순서를 맡은 선생님은《십대의 5가지 사랑의 언어》(게리 채프먼, 생명의 말씀사 간)를 먼저 읽어 보고 아이들이 자신의 사랑의 언어가 무엇인지 알 수 있도록 수업을 이끌어 가면 더 효과적으로 수업을 진행할 수 있다.
사랑의 언어를 배우기 전에 학생들이 '사랑의 언어 테스트'를 통해 자신의 사랑의 언어를 알아보도록 한다. (https://love-lang-test.netlify.app/ 에 접속[큐알 참고], 또는 구글에서 '사랑의 언어 테스트'를 검색하여 진행한다). 2과가 끝났을 때 숙제로 내주는 것도 좋다. 학생들뿐 아니라 부모도 테스트해서 아이들이 부모의 사랑의 언어를 알아 오도록 한다.

사랑의 언어 ▶ 테스트

### 5가지 사랑의 언어에는 어떤 것들이 있나요?

· 인정의 말: 칭찬이나 높여 주는 말, 인정하는 말을 들으면 사랑을 느낌

· 소중한 시간: 함께 보내는 시간이 많을수록 사랑을 느낌
· 선물 나누기: 꼭 비싼 게 아니라도 선물을 주고받으면서 사랑을 느낌
· 헌신의 행동: 다른 사람을 위해 봉사하고 섬김을 받을 때 사랑을 느낌
· 신체 접촉: 악수, 가벼운 포옹 등을 통해 사랑을 느낌

친구나 부모, 형제자매의 사랑의 언어를 알아내어 자주 표현해 주어야 한다. 나중에 이성 친구에게도 적용할 수 있다.

## 5가지 사랑의 언어의 좋은 사례

· 인정하는 말: '사랑해, 고마워, 좋아, 잘했어, 최고야' 같은 말을 자주 해주기. 대화 도중 끼어들지 말기. 포스트잇에 감사 내용을 써서 주기.
· 소중한 시간: 하던 일을 멈추고 그 사람과 함께 시간 갖기. 같이 빵 만들기. TV 끄고 보드게임이나 대화하기. 가족여행 하기.
· 선물 나누기: 선물의 가격을 따지기보다 그 안에 마음을 담는 것에 신경쓰기. 너무 많은 선물을 자주 주기보다 더 의미 있고 정성이 담긴 선물로 준비하기.
· 헌신의 행동: 요리하기. 생일선물 만들어 주기. 안마해 주기 등.
· 신체 접촉: 안아 주기. 악수하기. 하이파이브 하기. 손잡기. 같이 손잡고 기도하기 등.

▷▷ 신체 접촉이 사랑의 언어라고 해서 선을 넘는 신체 접촉을 해서는 안 된다. 이는 사랑의 표현이 아닌 바운더리를 넘는 행동임을 알려 준다.

## 사랑의 언어 적용하기

1. 나의 사랑의 언어는 무엇인가요? 두 가지만 써 보세요.

▷▷ 우리는 모두 다른 사랑의 언어를 가지고 있다. 5가지 사랑의 언어 중에 더 좋은 것, 더 중요한 것은 없다. 모두 귀한 언어들이다.

2. 내가 생각하는 엄마의 사랑의 언어는 무엇인지 생각해 보고 두 가지 정도만 써 보세요.

▷▷ 많은 자녀가 부모의 사랑을 잘 느끼지 못한다. 사랑의 언어가 다르기 때문이다. 이 시간을 통해 부모는 어떤 사랑의 언어로 자녀들에게 사랑의 메시지를 전달하는지 알아보자. 자녀가 엄마의 사랑의 표현을 이해하는 기회가 되도록 도와준다.

3. 내가 생각하는 아빠의 사랑의 언어는 무엇인지 생각해 보고 두 가지 정도만 써 보세요.

▷▷ 2번 문제의 설명과 동일.

4. 나는 5가지 사랑의 언어 중 어떤 방법으로 부모님에게 사랑을 표현하나요?

▷▷ 자녀들도 부모에게 자신의 사랑을 전달하지 못할 때가 있다. 마음속으로만 사랑한다고 생각하고 부모가 알아주겠거

Note)
남편과 아내가 서로의 언어를 이해하지 못하면 굉장히 불행하다. 마찬가지로 자녀의 사랑의 언어를 부모가 알지 못하면 자녀도 불행하다. 이 시간을 통해 부모와 자녀가 서로의 사랑의 언어를 알아감으로 소통의 길을 열도록 돕는다. 그것이 건강한 성교육의 한 부분이다.

니 여긴다. 자녀들도 부모에게 사랑의 언어를 효과적으로 말하고 행동하도록 배우는 시간이 되어야 한다.

5. 부모님이 나를 사랑하지 않는다고 느꼈던 때는 언제인가요?

▷▷ 부모만의 사랑의 언어를 사용했기 때문에 자녀들이 부모의 사랑을 느끼지 못했을 수도 있음을 나누는 시간을 가지라. 만약 시간이 허용된다면 사랑의 언어를 배운 후에 부모와 자녀의 세족식을 하면 좋다. 부모가 자녀를 위해, 자녀가 부모를 위해 기도하는 시간을 가지면 유익하다.

## 사랑의 선물 나눠 주기

부모가 비밀로 준비한 선물을 여자 남자 따로 있는 자리에서 열어 보게 한다. 학생들에게 '여러분을 가장 사랑하는 사람에게서 온 선물'이라고 소개하고 다 같이 선물을 확인하게 한다. 각 그룹의 리더는 학생들에게 사용 방법 및 용도를 가르쳐 준다(부모는 미리 자녀 모르게 선물을 준비하여 첫 주에 각 리더에게 전달하도록 한다).

### 부모가 준비하는 선물

남학생 부모: 작은 선물 봉투에 탈취제(겨드랑이용), 면도용 크림, 면도기(전기 면도기), 줄넘기, 아들에게 쓴 사랑의 편지를 준비한다.

여학생 부모: 작은 선물 봉투에 생리대 주머니, 생리대 3개, 속옷(위생팬티), 물티슈, 향수, 딸에게 쓴 사랑의 편지를 준비한다.

## "현숙한 여자와 믿음의 남자로 훈련시키시는 하나님"

Note)
성경공부 하기 전에 암송구절을 학생들이 외우도록 한다. 암송구절은 각 과 시작하기 전에 외워 오면 시간을 절약할 수 있다.

남자 여자 같이 공부한다.

### 1. 하나님이 쓰시는 믿음의 남자가 되는 훈련

① 거룩함의 훈련(살전 4:3-7)

하나님의 뜻은 이것이니 너희의 거룩함이라 곧 음란을 버리고 각각 거룩함과 존귀함으로 자기의 아내 대할 줄을 알고 하나님을 모르는 이방인과 같이 색욕을 따르지 말고 이 일에 분수를 넘어서 형제를 해하지 말라 이는 우리가 너희에게 미리 말하고 증언한 것과 같이 이 모든 일에 주께서 신원하여 주심이라 하나님이 우리를 부르심은 부정하게 하심이 아니요 거룩하게 하심이니 (살전 4:3-7).

우리는 구별된 존재로 하나님의 아들로 부르심을 받았다. 세상의 유혹을 따르는 삶이 아니라 거룩한 기독교인으로서 능력 있는 삶을 보여 주어야 한다.

믿음의 남자, 현숙한 여자가 되기 위한 훈련에 나오는 항목들은 사실 남녀 모두에게 필요한 덕목이다. 학생들은 자기에게 부족한 부분을 체크해 보도록 인도한다.

▷▷ 죄와 싸우는 무기 중에 가장 강력한 무기는 거룩이다. 거룩은 이 세상과 구별되어 세상의 죄에 빠지지 않는 것, 세상의 죄와 섞이지 않는 것이다. 우리가 완벽하게 죄를 짓지 않을 수는 없겠지만 노력은 할 수 있다. 반복되는 죄의 습관을 고쳐 나가면서 조금씩 하나님의 거룩에 가까워질 수 있다. 거룩의 훈련은 유혹을 피하는

훈련이라 할 수 있다.

요셉에게는 하나님이 항상 나를 보고 계신다는 믿음이 있었기 때문에 보디발의 아내에게 유혹을 받았을 때 뿌리치고 그 자리를 벗어날 수 있었다. 그것이 요셉이 실천했던 거룩의 훈련이었다. 예를 들면 인터넷을 하다가 음란물 같은 유해한 영상이나 좋지 않은 정보가 나왔을 때 바로 컴퓨터를 끄고 그 자리를 벗어나는 것이 거룩의 훈련이다. 그럴 때 즉시 그 자리를 빠져나와 부모에게 이야기하도록 훈련해야 한다. 만약 요셉이 유혹을 받았을 때 그 자리를 박차고 나오지 않고 보디발의 아내와 대화를 시도했다면 분명히 시험에 빠졌을 것이다. 그러나 거룩이 훈련된 그는 바로 그 자리에서 도망갔다.

시험이 왔을 때 그 자리에서 도망가는 훈련을 해야 한다. 유혹이 왔을 때 호기심을 가지고 주변을 서성거리는 행위는 죄에 빠지는 지름길이다. 따라서 거룩은 훈련이 되어야 한다. 데살로니가전서 4장 3-7절을 읽어 보면, 하나님은 우리를 거룩하게 하려고 부르셨다는 것을 알 수 있다. 이성을 사귀거나 선택할 때 죄의 유혹을 박차고 나올 수 있는 사람인지, 거룩의 영향력을 가진 사람인지 꼭 살펴봐야 한다. 거룩함은 세상에서 떠나 산속으로 들어갔을 때 발휘되는 것이 아니다. 세상 속에서 살면서 그 영향력을 보여 주며 사는 것이 진짜 거룩한 삶이다. 세상 죄와 타협하지 않고 거룩함을 나타낼 수 있는 것, 그것이 진짜 거룩이다.

② 마음의 훈련(잠 4:23; 롬 12:2)

모든 지킬 만한 것 중에 더욱 네 마음을 지키라 생명의 근원이 이에서 남이니라(잠 4:23).

너희는 이 세대를 본받지 말고 오직 마음을 새롭게 함으로 변화를 받아 하나님의 선하시고 기뻐하시고 온전하신 뜻이 무엇인지 분별하도록 하라(롬 12:2).

무엇을 보고 듣느냐는 우리의 생각, 언어, 행동과 성품에 영향을 준다. 그래서 사탄은 우리의 마음을 지배하기 위해서는 우리가 보고 듣는 것을 지배하면 된다는 사실을 알고 있다.

▷▷ 지나가다가 잘못된 이미지(속옷 사진, 나체 사진 등)를 본 후에 잊어버리면 죄가 아니지만, 그것을 계속 생각하고 생각이 꼬리를 물고 마음에 들어오면 죄가 된다. 매일 자신의 마음을 점검하는 훈련을 해야 한다. 매일 게임과 웹툰으로 마음이 가득 찬 사람은 하나님의 뜻을 알지도, 그 뜻대로 살지도 못한다. 사탄이 원하는 이 세상의 메시지들이 미디어를 통해 어떤 사람의 눈과 귀로 들어와서 마음을 점령하면, 그는 세상의 가치관으로 마음이 가득 차서 폭력적이고 자기중심적인 사람이 되는 것이다. 악하고 더러운 생각을 몰아내기 위해서는 좋은 것, 선한 것이 마음에 가득 차면 된다. 즉 하나님의 선하시고 온전하시고 기뻐하실 일을 생각하고 행동하는 것이다.

③ 말씀의 훈련(시 119:9-11, 105)

청년이 무엇으로 그의 행실을 깨끗하게 하리이까 주의 말씀만 지킬 따름이니이다 내가 전심으로 주를 찾았사오니 주의 계명에서 떠나지 말게 하소서 내가 주께 범죄하지 아니하려 하여 주의 말씀을 내 마음에 두었나이다(시 119:9-11).
주의 말씀은 내 발에 등이요 내 길에 빛이니이다(시 119:105).

하나님의 뜻대로 살기 위한 가장 좋은 방법은 하나님의 말씀을 마음에 새기는 것이다. 죄인인 우리의 생각과 지식으로는 하나님의 뜻을 알 수 없다. 말씀이 우리 발의 등이 되어 한 걸음 한 걸음 인도하시는 대로 따라갈 때 유혹이 와도 죄를 물리칠 수 있는 능력이 생긴다.

▷▷ 죄를 멀리하는 데 가장 좋은 방법은 말씀을 묵상하고 암송하는 것이다. 시편 119편 9-11절 말씀처럼, 유혹이 많은 청년의 때에 마음과 행동을 깨끗게 하기 위해서는 말씀을 마음에 새기고 지켜야 한다.

데이트를 할 때마다 이성 친구와 말씀을 같이 나누고 기도로 무장한 후에 둘의 시간을 보내기를 권한다. 왜냐하면 말씀을 통해 서로의 마음에 안전장치를 설치하면 죄를 멀리할 수 있는 능력이 생기기 때문이다. 우리는 말씀의 능력을 등한시하는 경우가 있다. 그러나 하나님이 이 세상을 말씀으로 창조하셨음을 기억해 보라(창 1장).

하나님의 말씀에는 우리가 생각할 수 없는 차원의 능력과 위력이 있다. 그리고 그 말씀을 통해 무엇이 옳고 그른지 생각하고 판단할 수 있는 분별력이 생긴다. 옳고 그름을 분별할 수 있는 능력의 훈련은 말씀을 통해서만 이루어진다. 이 세상의 법은 항상 바뀌지만 말씀은 영원히 바뀌지 않는다. 따라서 우리는 말씀을 기준 삼아야 한다. 무엇이 옳은지 의문이 들 때마다 말씀으로 분별하는 훈련을 해야 한다. 이러한 분별력을 가진 남자는 성경적 세계관을 가진 남자다. 성경의 안목으로 세상을 바라보는 사람은 세상이 아무리 요동쳐도 흔들리지 않는다. 말씀을 가까이하는 사람이 진정한 하나님의 성품을 가진 남자이다.

### ④ 정직함의 훈련(시 139:23; 잠 12:22)

하나님이여 나를 살피사 내 마음을 아시며 나를 시험하사 내 뜻을 아옵소서(시 139:23).
거짓 입술은 여호와께 미움을 받아도 진실하게 행하는 자는 그의 기뻐하심을 받느니라(잠 12:22)

하나님 앞에 정직해야 회개할 수 있다. 성숙한 기독교인이 되기 위해서 하나님과 사람들에게 정직해야 한다. 그러기 위해서는 거짓말하지 않는 정직의 훈련이 필요하다.

▷▷ 거짓말하는 사람을 어떻게 믿을 수 있겠는가? 만약 이성 친구가 있는데 그가 하는 말마다 허세가 섞여 있고 자기 과시를 위해 말을 부풀린다면, 또 어떠한 문제에 맞닥뜨렸을 때 사과보다는 회피하기 위해 자꾸 거짓말을 한다면 정말 심각한 문제일 것이다. 정직은 훈련이다. 거짓말을 멈추는 방법은 정직하게 말하는 것이다. 그것은 정직하게 진실을 얘기하는 훈련을 통해 길러진다. 믿음의 남자라면 정직함이 훈련되어 있어야 한다.

⑤ 언어의 훈련(약 3:4-6, 10; 엡 4:29)

또 배를 보라 그렇게 크고 광풍에 밀려가는 것들을 지극히 작은 키로써 사공의 뜻대로 운행하나니 이와 같이 혀도 작은 지체로되 큰 것을 자랑하도다 보라 얼마나 작은 불이 얼마나 많은 나무를 태우는가 혀는 곧 불이요 불의의 세계라 혀는 우리 지체 중에서 온 몸을 더럽히고 삶의 수레바퀴를 불사르나니 그 사르는 것이 지옥 불에서 나느니라(약 3:4-6).
한 입에서 찬송과 저주가 나오는도다 내 형제들아 이것이 마땅하지 아니하니라(약 3:10).
무릇 더러운 말은 너희 입 밖에도 내지 말고 오직 덕을 세우는 데

소용되는 대로 선한 말을 하여 듣는 자들에게 은혜를 끼치게 하라(엡 4:29).

멋진 믿음의 남자는 자신의 혀를 통제하고 하나님이 기뻐하시는 언어를 사용한다. 언어생활을 통해 항상 자신의 신앙을 파악해야 한다.

▷▷ 요즘 청소년들은 거친 말을 서슴없이 내뱉는다. 더러운 말을 아무런 거리낌 없이 한다는 것은 마음과 생각 속에 더러운 생각과 분노가 가득 차 있다는 뜻이다. 그 사람의 입에서 무엇이 나오는가를 보면 마음속에 무엇이 있는지 알 수 있다. 말끝마다 욕과 불평, 남들을 시기하고 혐오하고 헐뜯는 말이 나온다면 죄와 악한 영이 지배하는 사람이다. 대화할 때마다 다른 사람을 세워 주고 축복하며 하나님께 어떠한 상황에도 감사할 수 있는 축복의 통로가 되는 사람이 되어야 한다.

### 2. 하나님이 쓰시는 현숙한 여자가 되는 훈련

#### ① 하나님을 먼저 구하는 여자(마 6:33-34)

그런즉 너희는 먼저 그의 나라와 그의 의를 구하라 그리하면 이 모든 것을 너희에게 더하시리라 그러므로 내일 일을 위하여 염려하지 말라 내일 일은 내일이 염려할 것이요 한 날의 괴로움은 그 날로 족하니라(마 6:33-34).

대단한 이상형을 만나도 행복이 보장되지 않는다. 하나님 외에는 그 어떤 것도, 그 누구도 나의 마음을 채울 수 없음을 알아야 한다. 내 인생의 우선순위는 항상 하나님 먼저!

▷▷ 데이트한다고 외로움이 없어지지 않는다. 마찬가지로 결혼한다고 해서 외롭지 않을 거라는 생각도 착각이다. 혼자서 행복할 줄 아는 사람이 되어야 데이트하면서도 외롭지 않을 수 있다. 하나님 때문에 행복한 사람은 진정한 행복을 알기에 이성 친구가 있든 없든 행복하다. 이상형의 남자가 꼭 나타나야 행복할 거라고 믿는 여성은 행복해질 수 없다. 현재 자신이 처한 자리에서 만족하지 못하고 행복을 느끼지 못하는 사람은 데이트를 통해서도 행복해질 수 없다. 이성 친구를 찾는 데만 온 신경을 집중하는 사람은 현숙한 여자라고 볼 수 없다. 하나님과의 관계만으로도 행복한 사람은 어떻게 하나님을 기쁘시게 할까 생각한다. 정말 행복한 사람은 하나님만으로 만족함을 얻고, 하나님과 깊은 관계를 추구하고, 하나님과 동행한다. 따라서 현숙한 여자는 하나님을 먼저 구하고 하나님과 좋은 관계를 맺는다.

② 지혜롭게 말하는 여자(잠 16:23; 전 10:12)

지혜로운 자의 마음은 그의 입을 슬기롭게 하고 또 그의 입술에 지식을 더하느니라(잠 16:23).
지혜자의 입의 말들은 은혜로우나 우매자의 입술들은 자기를 삼키나니(전 10:12).

연애 또는 결혼생활에서 정말 중요한 것 중 하나가 소통이다. 소통을 잘하는 연인, 부부는 행복하다. 소통을 잘하기 위해서는 지혜로운 말이 필요하다.

▷▷ 지혜로운 입술을 가진 사람은 어디를 가든 빛이 난다. 얼굴은 예쁘지만 남자친구의 실수 하나에 바르르 떨며 다그치는 여자 친구가 되기를 원하는가, 아니면 남자친구의 실수를 지혜롭게 잘 덮어주면서 더 나은 사람이 되도록 격려하는 여자친구가 되기를 원하는가? 지혜가 없으면 쓸모없는 말, 불필요한 말을 해서 어려움에 처하게 된다. 지혜의 말은 상황에 맞는 말을 함으로 서로에게 덕이 된다. 특히나 가정 파괴를 목표로 우는 사자처럼 달려드는 사탄의 공격이 난무하는 이 시대는 지혜로운 아내, 지혜로운 엄마가 절실히 필요하다. 지혜로운 엄마로 인해 자녀들은 정서적으로 안정을 찾고 자존감이 높아지며, 지혜로운 아내로 인해 행복한 부부가 되는 것이다. 지혜의 근원은 말씀이기 때문에 항상 하나님께 지혜를 구해야 한다.

③ 진정한 아름다움을 지닌 여자(잠 31:30; 딤전 2:9-10)

고운 것도 거짓되고 아름다운 것도 헛되나 오직 여호와를 경외하는 여자는 칭찬을 받을 것이라(잠 31:30).
또 이와 같이 여자들도 단정하게 옷을 입으며 소박함과 정절로써 자기를 단장하고 땋은 머리와 금이나 진주나 값진 옷으로 하지 말고 오직 선행으로 하기를 원하노라 이것이 하나님을 경외한다 하는 자들에게 마땅한 것이니라(딤전 2:9-10).

겉모양의 아름다움은 진정한 아름다움이 아니다. 하나님을 경외하고 사랑하는 마음을 가진 자가 진정한 아름다움을 가진 여자다.

▷▷ 잠언과 디모데전서에서 말하는 것처럼 겉만 치장하는 것은 진정한 아름다움이 아니다. 단지 겉으로만 예쁘게 보이기 위해 어떤 옷을 입을까, 어떻게 화장할까, 어떻게 몸매를 가꿀까 고민하면

서 최신 유행을 따라가는 데에만 집중하는 것은 진정한 아름다움이 아니다. 세월이 지나면 그러한 것들은 다 헛되다. 그렇다고 아무렇게나 하고 다니라는 말은 결코 아니다. 진정한 아름다움은 겉이 아니라 내면에 있다. 하나님의 성품을 나타내는 인격과 성숙한 믿음을 갖춘 여자는 늘 자신감에 차 있다. 억지로 자신을 드러내려고 하지 않는다. 진정한 아름다움을 가진 사람은 겉으로 보이는 아름다움이 아니라 내면의 아름다움을 더 가꾼다. 하나님을 사랑하는 모습처럼 아름다운 게 없다. 찬양할 때 사람의 시선을 의식하지 않고 하나님을 의식하며 성령님의 임재를 경험하는 여자, 말씀을 사모하는 여자, 기도를 통해 하나님과 친밀한 관계를 즐기는 여자는 정말 아름답다.

### ④ 겸손한 여자(약 4:10; 눅 14:11)

> 주 앞에서 낮추라 그리하면 주께서 너희를 높이시리라(약 4:10).
> 무릇 자기를 높이는 자는 낮아지고 자기를 낮추는 자는 높아지리라(눅 14:11).

자기만 알고 교만한 자를 조심하라. 하나님은 겸손한 자를 들어 쓰신다.

▷▷ 자기를 낮추고 겸손한 자는 하나님이 높이셔도 오히려 본인이 다시 낮아진다. 그래서 하나님은 겸손한 자를 높이시는 것이다. 이성을 만날 때는 겸손한 사람을 꼭 만나야 한다. 믿음의 남자는 이기적이고 교만한 여자, 자기밖에 모르는 여자를 조심해야 한다. 이들은 대부분 미모, 돈, 지식 등 자기가 가진 것으로 교만해져 남편을 무시하고 함부로 대한다. 겸손한 아내는 자녀들 앞에서 남편 흉을

절대로 보지 않는다. 이 세상에 완벽한 남편이 없음을 알기 때문에 자녀에게 아빠의 단점이 아니라 장점을 부각시킨다. 가정의 재정을 책임지는 아빠에게 고마움을 표시하도록 자녀들을 가르치며, 아빠의 좋은 점을 자녀들이 꼭 닮기 원한다고 항상 이야기한다. 이런 겸손한 아내를 둔 남편은 행복할 수밖에 없다.

⑤ 하나님을 섬기는 여자(갈 1:10)

> 이제 내가 사람들에게 좋게 하랴 하나님께 좋게 하랴 사람들에게 기쁨을 구하랴 내가 지금까지 사람들의 기쁨을 구하였다면 그리스도의 종이 아니니라(갈 1:10).

마음을 다해서 진실하게 하나님을 섬기는 사람이 진정 아름다운 믿음의 여자다.

▷▷ 교회에서 봉사할 때 사람들에게 보이려고 하는가, 아니면 하나님만 바라보고 일하는가? 후자야말로 진정한 믿음을 가진 현숙한 여자다. 교회에서 수련회나 단기선교를 같이 가면 그 사람이 사람을 보고 섬기는지, 하나님만 보고 섬기는지 잘 알 수 있다.

사람을 기쁘게 하는 데 온 신경이 가 있는가, 아니면 하나님의 시선을 의식하는가? 주위 사람을 기쁘게 하는 데 집중하는 사람은 자신의 평판을 아주 중요하게 여기는 사람이다. 교회에서 하나님보다 사람을 의식하는 사람은 자존감이 낮은 경우가 많다. 내 모습 그대로를 보여 주기 싫어하며, 주위 사람들이 자기를 외면할까 봐 항상 눈치를 보고 불안해한다. 반면에 하나님께 집중하는 여자는 사람을 두려워하지 않고 하나님을 두려워한다.

## 독서 토론

중학생

《성과 새로운 나》(우리 자녀 성경적 성교육 시리즈 개정판)

Chapter 7 - 8 소년이 남자로 자랄 때 /
소녀가 여성으로 자랄 때

Chapter 9 놀라운 출생

Chapter 10 친구들과 우정 쌓기

* 효과적인 토론시간을 위해 《성과 새로운 나 워크북(남·여 통합본)》을 참고하세요.

고등학생

《사랑, 성 그리고 하나님》(우리 자녀 성경적 성교육 시리즈 개정판)

Chapter 5 데이트하는 법

Chapter 6 진짜 사랑에 대하여

*책을 읽으면서 생겼던 질문이나 느낀 점들을 소그룹으로 나눕니다.

## 제3과 숙제

1. 제4과 독서 토론을 위해 책을 읽어 오세요.

중학생 : 《성과 새로운 나》 Chapter 11, 12, 13

고등학생 : 《사랑, 성 그리고 하나님》 Chapter 7, 8

2. 영화 <믿음의 승부>(*Facing the Giants*)를 부모님과 같이 시청하고 느낀 점들을 나누어 보세요. 학생용 책에서 영화 감상문을 작성하세요.

제4과

# 하나님이 기뻐하시는 데이트

요점

1. 기독교인의 데이트
2. 데이트할 때 바운더리에 관한 이해
3. 동성애에 대한 성경적 이해

암송구절

누구든지 네 연소함을 업신여기지 못하게 하고
오직 말과 행실과 사랑과 믿음과 정절에 있어서
믿는 자에게 본이 되어(디모데전서 4장 12절)

| 프로그램 순서 | | 소요시간 3시간 | 설명 |
|---|---|---|---|
| 소그룹 | 숙제 점검 | 10분 | 영화 나누기: <믿음의 승부>(*Facing the Giants*) |
| 전체 그룹 | 전체 성경공부 "기독교인의 데이트" | 30분 | 전체 인솔자가 인도 |
| 남자반 /여자반 나눔 | 로즈 액티비티 | 20분 | 남자반, 여자반 대표 선생님 한 명이 인도 혹은 각 그룹 선생님이 인도. 여자 남자 따로 수업 |
| 소그룹 | 미래의 데이트 계획 세우기 | 20분 | 각 그룹 선생님이 인도 |
| 소그룹 | 토론 시간 "사랑이란" | 20분 | 각 그룹 선생님이 인도 |
| 남자반 /여자반 나눔 | 소그룹 성경공부 "동성애" | 20분 | 전체 인솔자가 인도 |
| 소그룹 중학생 | 독서 토론 "성과 새로운 나" | 1시간 | 그룹별로 토론하기 |
| 소그룹 고등학생 | 독서 토론 "사랑, 성 그리고 하나님" | 1시간 | 그룹별로 토론하기 |

## 암송 구절을 외우고 질문하기

**※ 암송 구절 중 "믿는 자에게 본이 되어"(딤전 4:12)는 무슨 뜻일까요?**

▷▷ 기독교인인 우리는 영적으로 그리고 육체적으로 삶의 모든 면에서 모범이 되어야 한다. 왜냐하면 우리는 하나님의 대표자로

부르심을 받았기 때문이다. 특히 우리의 말, 행위, 신앙 그리고 '순결'에서 본이 되어야 한다. 이 말씀은 어른에게 하는 게 아니라 "연소함을 업신여기지 못하게 하고"의 말씀에서 보듯이 어릴 때부터 이러한 모든 면에 본을 보여야 한다.

## 전체 성경공부

Note)
성경공부 하기 전에 학생들이 암송구절을 외우도록 한다. 암송구절은 교육 시간 전에 전에 외워 오면 시간을 절약할 수 있다.

### "기독교인의 데이트"

남자와 여자가 서로에게 끌리는 것은 자연스러운 현상이다. 그런데 성경에는 데이트에 대해 손은 언제 잡아도 되는지, 키스는 언제 할 수 있는지 등은 나와 있지 않다. 하나님은 우리가 무엇을 하느냐보다 어떤 사람이 되느냐가 더 중요하다고 말씀하신다. 그런 맥락에서 데이트는 더 나은 사람이 되어 가는 과정이 되어야 한다. 데이트를 통해 더 성숙해지고 믿음도 더 굳건해진다면 바른 데이트를 하고 있는 것이다.

데이트는 가볍게 상대방을 한번 알아보는 의미에서 하는 것이 아니라 후회 없는 결혼을 위해 상대방을 관찰하는 과정이다. 서로 사랑하고 아껴 주고 모든 것이 좋았던 연애 시절이 결혼 후에도 지속된다면 그보다 좋은 게 없겠지만 그렇지 않은 경우가 많다. 뜨거운 사랑의 감정만을 믿고 결혼했지만, 그 후에 그토록 좋아했던 상대방의 장점이 단점으로 보여 이혼까지 하는 경우를 많이 보았다. 따라서 데이트는 아주 신중히 해야 한다.

결혼을 전제로 하는 이성교제, 즉 연인 관계의 데이트는 언제부터 할 수 있는가? 손도 잡고 껴안기도 하는 이성교제는 부모로부터 경제적으로 독립할 수 있는 나이가 된 후에 해야 한다(이 책 1부 4장 "사춘기 자녀들의 성교육" 참고). 그런 준비가 되기 전에는 캐주얼 데이트(그룹 데이트)만으로도 서로를 충분히 알아갈 수 있다. 캐주얼 데이트는 서로 관심을 가지고 좋아하지만 신체적 접촉이 없는 관계다. 둘만 따로 시간을 보내는 것이 아니라 그룹으로 만나서 서로 알아가는 관계이다.

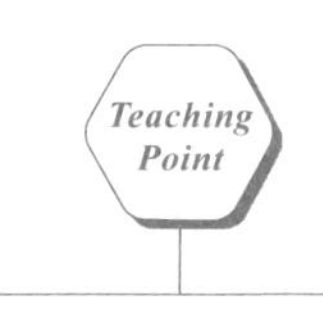


데이트, 즉 이성과 사귈 때 경계 또는 선을 지키는 것(바운더리), 내 몸은 하나님의 성전이라는 것, 그리고 내 몸은 예수님의 피로 산 아주 귀한 몸이라는 것에 초점을 맞춰 가르친다.

어떤 사람들은 연인 관계 데이트를 하지 말고 결혼 전에 한 사람만 만나서 결혼하라고 말한다. 데이트는 서로에게 유익하지 않을뿐더러 데이트를 통해 너무나 많은 상처를 주고받기 때문이라는 것이다. 이는 너무 극단적인 생각이다. 어떻게 한 사람만 만나서 연애하고 결혼을 할 수 있을까? 처음부터 나의 반쪽을 알아보고 연애한다는 것은 쉽지 않다. 오히려 데이트를 통해 서로에게 좋은 영향력을 주도록 노력한다면, 상처를 주는 것이 아니라 서로에게 유익한 데이트가 될 수 있다. 서로를 배려하고, 서로의 바운더리를 존중하고, 서로에게 많이 배우며, 하나님과 더 가까워지는 데이트가 건강한 데이트다.

캐주얼 데이트는 서로를 배울 수 있는 좋은 기회가 된다. 많은 사람과 우정을 나누면서 자신에게 맞는 사람이 어떤 유형인지 판단하기에는 교회만 한 곳이 없다. 어떤 친구는 결단력이 있고, 어떤 친구는 신사적이고, 또 어떤 친구는 남을 배려하는 등 저마다의 개성이 매력적으로 느껴질 수 있다. 그런 친구들과 같이 영화 보고 수련회도 가면서 자신이 어떤 성향을 좋아하는지 알게 된다. 그렇게 조금씩 범위를 좁혀 가면서 자신의 성향을 분석할 수 있다. 그런 의미에서 우정 관계에서의 교제는 바람직하다.

연인 관계 데이트를 하기 전에 많은 사람을 관찰하며 사람을 보는 안목을 키우는 것이 중요하다. 일단 결혼한 다음에는 되돌릴 수 없기 때문이다. 결혼하기 전에 신중하게 나를 파악하고 내가 어떤 성격의 소유자에게 끌리는지를 알면 그런 사람을 만나기 위해 일찍부터 기도하게 된다.

내가 상대방을 진심으로 사랑하는지, 일시적으로 좋아하는지 어떻게 알 수 있을까? 혹은 상대방이 진심으로 나를 사랑하는지, 일시적인 감정인지 어떻게 알 수 있을까? 누군가를 만나고 좋아하는 감정이 생기는 것은 아주 정상적인 일이다. 하지만 여자친구, 남자친구로 단정 짓기 전에 꼭 신중히 생각해야 한다. 데이트를 하기 전에 훗날 어떤 데이트를 할 것인지, 그리고 그 데이트를 통해 어떻게 하나님을 기쁘시게 할 것인지 미리 생각해 놓아야 나중에 힘든 데이트를 하지 않게 된다. 데이트할 때 '기독교인의 데이트에 관한 조언' 리스트를 보면서 체크해 보도록 인도하라.

### 기독교인의 데이트 체크리스트

1. 하나님의 나라를 먼저 구하라(마 6:33).
2. 기독교인과 사귀라(고후 6:14). 나와 비슷한 신앙관과 가치관을 가진 사람을 만나라.
3. 자신의 마음을 지키라(잠 4:23). 먼저 마음이 순결해야 한다. 그리고 외모로 상대방을 판단하지 마라. 외모보다 마음을 먼저 봐야 한다.
4. 데이트는 장난이 아니라 결혼을 전제로 사귀는 것이다. 충동적으로 사귀는 것은 금물이다.
5. 부모의 조언을 구하라. 당사자가 보지 못하는 것이 부모의 눈에 보일 수 있다.
6. 주위 사람들이 두 사람의 관계를 축복하는지, 염려하는지를 점검해 보라.
7. 둘만의 데이트보다 그룹으로 같이 다니는 데이트를 즐겨라. 그룹 안에서 다른 사람들을 어떻게 대하는지 보는 것도 아주 중요하다.
8. 데이트할 때 꼭 지켜야 할 선(바운더리)을 상대방에게 알려라(살전 4:3-5). 언제든 이 사람과 헤어질 수 있다는 사실을 명심하라. 헤어져도 서로에게 상처가 되지 않도록 그 관계를 유지하라.
9. 하나님의 일을 같이 섬겨라. 섬기면서 상대방의 많은 부분을 알 수 있다.
10. 서로를 존중하는 것이 진정한 사랑이다. 상대방을 배려하는 연습을 하라. 데이트할 때 존중받지 못하면 결혼해서도 존

중받지 못할 가능성이 크다.

11. 데이트할 때마다 전신갑주를 입도록 만날 때마다 같이 기도하라(엡 6:10-20).
12. 데이트를 시작하면서 하나님과 더 가까워지는지 멀어지는지 점검하라.

▷▷ 위의 문항을 읽고 데이트할 때 꼭 염두에 두어야 할 것은 무엇인지 하나씩 설명해 준다.

첫째, 하나님의 나라를 먼저 구하는 데이트를 해야 한다. 데이트할 때 이 만남을 통해서 하나님께 어떻게 영광을 돌릴까, 우리가 어떠한 대화를 하면 하나님이 기뻐하실까를 먼저 생각하는 것이다. 이처럼 만남의 중심이 하나님께 맞춰져 있으며 하나님의 나라를 구하는 데이트를 통해서 서로의 신앙이 자란다. 데이트할 때부터 하나님 중심의 관계가 되어야 결혼해서도 하나님 중심의 관계가 된다.

둘째, 반드시 기독교인과 데이트해야 한다. 많은 사람이 비기독교인과의 연애를 쉽게 생각하고 결혼해서 그를 기독교인으로 만들겠다고 하는데, 그것은 교만이고 착각이다. 하나님은 우리에게 믿지 않는 사람들을 전도하라고 분명히 명령하셨지만, 그것이 결혼을 통한 전도는 아니다. 데이트하면서 상대방을 변화시키겠다고 마음먹어도 사람은 쉽게 변하지 않는다. 하나님이 그 사람을 변화시켜야 한다. 전도는 하되 데이트는 기독교인과 해야 한다. 우리는 죄인이기 때문에 믿지 않는 자와 만나면 영향을 받을 수밖에 없는 연약한 존재라는 것을 꼭 기억하기 바란다.

셋째, 마음을 지키는 데이트를 해야 한다. "모든 지킬 만한 것 중에 더욱 네 마음을 지키라 생명의 근원이 이에서 남이니라"(잠 4:23)라는 말씀처럼 데이트에서 마음을 지키는 관계가 되어야 한다. 데이트할 때 마음을 지키기 위해서는 으슥한 곳으로 둘만 따로 가지 말고 공개된 장소에서 해야 한다. 그룹으로 만나거나 사람이 많은 곳에서 데이트함으로써 처음부터 시험받지 않도록 마음을 지켜야 한다.

넷째, 데이트는 결혼을 전제로 사귀는 것이기에 충동적으로 사귀어서는 안 된다. 쉽게 이 사람 저 사람 만나면서 신체적 접촉도 서슴없이 해보고 그 중에서 맞는 사람을 고르겠다는 생각은 위험하다. 너무 외로워서 하는 데이트 또한 바람직하지 않다.

다섯째, 부모의 조언을 구해야 한다. 당사자가 보지 못하는 것을 부모는 볼 수 있다. 부모에게 상대방을 인사시키면 책임감이 생기기 때문에 서로에게 더 조심하고 함부로 대하지 못하게 된다.

여섯째, 주위 사람들이 두 사람의 관계를 축복하는지, 염려하는지를 점검해 보라. 상대방이 다니는 교회의 리더들, 또는 친구들을 만나 보라. 주위 사람들에게 인정받는 사람인가, 아니면 두 사람의 관계를 염려하는가? 주위 사람들에게 인정받고 축복받는 사람인지 살펴보아야 한다.

일곱째, 둘만의 데이트보다 그룹 데이트를 즐겨라. 그룹 안에서 다른 사람들을 어떻게 대하는지 보는 것도 아주 중요하다. 먼저 언급한 것처럼 연인 관계의 데이트로 들어가기 전에 캐주얼 데이트를 해야 하며, 연인 관계라 할지라도 그룹으로 자주 만나서 다른 사람들에게 대하는 태도를 보아야 한다.

여덟째, 데이트할 때 꼭 지켜야 할 선(바운더리)을 상대방에게 알려라(살전 4:3-5). 언제든 이 사람과 헤어질 수 있다는 사실을 명심하라. 헤어져도 서로에게 상처가 되지 않는 관계가 되도록 하라. 두 사람의 관계를 천천히 발전시켜라. '빨리 뜨거워지면 빨리 식는다'라는 말을 꼭 기억하자. 그래서 손을 잡거나 팔짱을 끼는 등의 신체 접촉도 천천히 시작하기를 바란다. 데이트할 때 단계가 올라갈수록 더 깊이 더 빨리 진행하고 싶은 게 우리 인간의 죄성이고 특히나 남자들에게는 그러한 욕망이 존재한다. 아주 천천히 진행될 수 있도록 미리 가이드라인을 세워 놓아야 한다. 권하기는 데이트할 때 가벼운 뽀뽀 정도까지만 하면 좋다. 만약 깊은 신체 접촉을 했다고 가정할 때, 앞으로 그 이상의 스킨십 없이 연애할 수 있다고 생각하는가? 그렇지 않다. 더 깊은 신체 접촉을 원하게 된다. 그래서 가이드라인이 필요하다. 어느 단계까지 허용할지 정하지 않고 감정이 가는 대로 행동한다면 그것처럼 바보 같은 짓은 없다. 결혼은 예식장에 들어가기 전날에도 무산될 수 있기 때문에 데이트할 때 언제든지 이 사람과 헤어져도 괜찮은 선까지만 허락해야 한다.

아홉째, 하나님의 일을 같이 섬겨라. 섬기면서 상대방의 많은 부분을 알 수 있다. 함께 봉사하는 데이트, 즉 여름성경학교를 함께 섬기고 선교를 같이 가는 등의 교회 활동을 하는 것이 좋다. 같이 섬길 때 상대방의 많은 부분을 알 수 있다.

열 번째, 서로를 존중하는 것이 진정한 사랑이다. 상대방을 배려하는 연습을 해라. 데이트할 때 존중받지 못하면 결혼해서도 존중받지 못할 가능성이 크다. 아무리 친밀한 부부 사이도 서로를 존중하는 것이 중요하다.

열한 번째. 데이트할 때 전신갑주를 입도록 만날 때마다 같이 기도하라(엡 6:10-20). 우리는 죄인이기 때문에 전신갑주를 입음으로써 서로에게 오는 유혹을 뿌리칠 힘을 달라고 기도해야 한다.

열두 번째. 데이트를 시작하면서 하나님과 더 가까워지는지 멀어지는지 수시로 점검하라. 만약 하나님과의 관계가 식었다면 잠시나마 데이트를 멈추고 다시 하나님과의 관계에 초점을 맞춰야 한다. 두 사람이 데이트하면서 서로만 바라보는 것이 아니라 둘이 하나님을 함께 바라보는 삼각관계가 되어야 한다.

남자와 여자 나누어서 진행한다.

준비물

꽃잎이 피지 않은 장미 꽃봉오리(학생 수대로 준비), 자연스럽게 활짝 핀 장미 두 송이

목적

꽃봉오리가 자연스럽게 핀 장미와 인위적으로 꽃봉오리를 활짝 피게 하는 장미는 다르다. 이 활동을 통해서 어린 소녀/소년들이 갑자기 성인이 될 수 없음을 배운다. 정신적으로, 신체적으로, 영적으로, 그리고 정서적으로 준비가 되어 있지 않은 어린 소녀/소년들이 성인처럼 성관계할 때 상처받게 됨을 알게 된다.

진행 순서

1. 학생 한 사람당 장미 꽃봉오리를 나누어 준다.
2. 활짝 핀 장미를 보여 준다.
3. 장미꽃 봉오리를 제한된 시간 안에(20초) 활짝 핀 장미로 만들어 보라고 한다. 리더는 "이제 장미 꽃봉오리가 완전히 핀 것처럼 꽃잎을 하나씩 열어 만들어 봅시다!"라고 하며 학생들에게 시간을 20초 준다.
4. 학생들 대부분은 꽃잎이 떨어지고 망가진 모습을 볼 것이다.
5. 인위적으로 만든 꽃들과 자연스럽게 피어난 장미를 비교한다.
6. 학생 질문지를 가지고 소그룹에서 토론한다.

▷▷ 하나님이 선물로 주신 성은 적절한 시기를 기다려야 합니다. 결혼은 정신적, 육체적, 영적으로 준비되었을 때 해야 합니다. 그 전에 성관계를 하면 정신적, 육체적, 영적으로 상처받게 됩니다.

### 로즈 액티비티 학생 질문지

1. 장미 꽃봉오리가 손상되지 않고 자연적으로 꽃잎이 열려 완전한 꽃을 피울 수 있도록 하려면 어떻게 해야 할까요?
2. 어린 소녀/소년이 자신의 몸을 성숙하게 만들려고 강제로 노력하는 것이 가능한가요?
3. 장미 꽃봉오리와 어린 소녀/소년 모두 성숙하게 꽃을 피울 수 있는 유일한 방법은 무엇일까요?

▷▷ 로즈 액티비티를 통해 무엇을 배웠나요? 나누어 봅시다.

## 미래의 데이트 계획 세우기

각 그룹의 리더와 학생들이 그룹별로 토론하는 시간이다.

1. 몇 살에 연인 관계 데이트를 하고 싶나요?

2. 결혼 전까지 몇 명 정도 사귀게 될까요? (상상해 보세요)

3. 데이트를 했을 때 상대방이 나와 결혼하지 않고 헤어질 확률이 몇 퍼센트 정도 될 것이라고 생각하나요?

4. 데이트를 하면 바운더리를 어떻게 세울 것인가요? (구체적으로 쓰세요. 손은 언제부터 잡고, 포옹은 언제 하고 등)

5. 헤어진 옛 연인을 훗날 마주쳤을 때 반갑게 인사할 수 있으려면 바운더리를 어디까지 지켜야 할까요?

## 토론 시간 "사랑이란?"

각 그룹의 리더와 학생들이 그룹별로 토론하는 시간이다.

1. 성경은 사랑에 관해 뭐라고 말씀하나요? (고전 13:4-7)

▷▷ 성경에 "사랑은 가슴이 뛰거나 좋아하는 감정"이라는 말씀은 없다. 오히려 사랑은 견디는 것이며, 상대방을 위해 헌신하는 것이라고 말씀한다. 이 세상은 '가슴이 뛰는 사랑을 느낄 수 없다면 그건 처음부터 진짜 사랑이 아니다'라고 속삭인다. 그러면 '내가 그때 잘못 생각했구나. 그건 진짜 사랑이 아니었구나' 하고는 다른 사람을 찾아 떠난다. 그러다가 결혼해서 뜨겁게 사랑하는 감정이 식으면 다른 사랑을 찾는다. 결국 가정이 깨지는 것이다.

사탄은 끊임없이 "사랑은 감정이야"라는 거짓말을 온 세상에 뿌려 놓았다. 그러나 사랑은 의지다. 진짜 사랑은 '오래 참고 온유하며 시기하지 아니하며 자랑하지 아니하며 교만하지 아니하며 무례히 행하지 아니하며 자기의 유익을 구하지 아니하며 성내지 아니하며 악한 것을 생각하지 아니하며 불의를 기뻐하지 아니하며 진리와 함께 기뻐하고 모든 것을 참으며 모든 것을 믿으며 모든 것을 바라며 모든 것을 견디는' 것이다.

### 2. 언제 내 이성 친구에게 "사랑해"라고 말할 수 있나요?

▷▷ 사랑하는 것과 좋아하는 것은 확실히 구별된다. 상대방에게 "사랑해"라고 할 수 있는 것은 자신이 정서적, 경제적으로 독립할 수 있을 때, 자신의 행동을 책임질 수 있을 때다(적어도 대학생 때 사귀는 것이 적합하다). 고등학생 때까지는 여전히 사춘기 호르몬의 영향으로 계속 감정이 변하기 때문에 상대방을 책임질 수 없다. 사춘기 때는 좋아하는 상대가 수시로 바뀐다. 그래서 이때 이성 친구를 사귀는 것은 서로에게 상처만 줄 가능성이 크다.

학생들에게 지금까지 좋아한 애들이 몇 명이었는지도 물어보자. 대부분 다섯 명에서 열 명 정도이고, 많은 경우 서른 명이라고 말하는 친구도 보았다. 누군가를 좋아하는 것은 괜찮다. 하지만 좋아한다고 해서 그 사람과 사귀어야 하는 것은 아니다. 친구로서도 충분히 좋아할 수 있다. 그리고 사춘기 때는 호르몬의 영향으로 그런 감정을 사랑이라고 착각할 수 있다. 하지만 사실은 사랑이 아니라 친해지고 싶은 감정일 수 있다.

### 3. 내가 사랑할 준비가 되었는지 어떻게 알 수 있나요?

▷▷ '기독교인의 데이트'에서 배운 대로 모든 분야에서 내가 자신 있게 진정한 사랑을 할 수 있다고 생각된다면 준비가 되어 있는 것이다. 이때 부모의 의견도 꼭 물어보고 내가 경제적으로 독립되었는지, 데이트할 정도로 성숙한지, 자기를 절제할 수 있는지, 두 사람 사이에 일어나는 모든 일에 책임을 질 수 있는지도 생각해 보고 데이트를 시작한다. 그전에는 우정을 나누는 캐주얼 데이트를 할 수 있다.

### 4. 데이트할 때 왜 바운더리가 필요한가요?

▷▷ 연인 관계의 데이트는 결혼을 전제로 한다. 데이트의 목적은 나와 잘 맞는 사람을 찾기 위함이다. 데이트할 때 바운더리는 필수 요소이다. 바운더리를 통해서 서로에게 상처를 주지 않게 되고, 서로를 인정해 주며, 데이트를 통해 스스로를 절제하는 법을 배울 수 있기 때문이다. 바운더리를 잘 알게 되면 거절이 상처가 되지 않고 상대방을 더 잘 이해하는 기회가 된다. 그리고 이를 통해 서로를 존중하는 법을 배울 수 있다.

언제든 헤어질 수 있음을 명심하고 바운더리를 지켜야 서로에게 상처를 주지 않는다. 헨리 클라우드의《No!라고 말할 줄 아는 데이트》를 읽으면 데이트의 바운더리에 관해 많은 것을 배울 것이다.

### 5. 데이트에서 신체적 관계의 바운더리는 어디까지라고 생각하나요? 그 이유는 무엇입니까?

▷▷ 데이트하는 동안의 바운더리는 가벼운 입맞춤(뽀뽀)이나 가벼운 스킨십(포옹) 정도까지다. 깊은 키스는 가서는 안 되는 단계로 들어서는 첫 문이다. 미디어를 통해 보는 첫 키스의 로망과는 달리 실제로 첫 키스의 경험이 불쾌하고 당황스러웠다는 사람들이 많다. 대부분의 사람은 깊은 키스를 하면 바로 다음 단계, 즉 넘지 말아야 하는 단계로 넘어가려 한다.

특히 우리는 육체의 정욕에 자연스럽게 이끌리는 존재이기 때문에 가면 안 되는 단계 전에 멈춰야 한다. 자기 자신을 절제할 수 있는 단계까지 선을 그어야 한다. 스킨십으로 서로가 상처를 주는 관계가 아닌 순결한 데이트로 하나님을 기쁘시게 해야 한다. 결혼 전날에도 헤어지는 커플이 있다는 사실을 기억하라. 결혼식장에서 같이 나와야 결혼한 것이다.

## 소그룹 성경공부 "동성애"

이 시간에는 리더가 다음 질문들을 미리 공부하고 가르치기를 권한다.

### 1. 동성애는 유전인가요?

과학적 연구 결과로 볼 때 동성애가 유전이 아님을 설명한다.

· 1993년에 해머(Dean Hamer, 동성애자)는 동성애 유전자(XQ28)를 처음 발견해서 〈사이언스〉에 발표했다.

· 1999년에 라이스 등은 XQ28의 유전자를 분석하여 남성 동성애와 관련 없다고 〈사이언스〉에 발표했다.

· 2005년에 해머를 포함한 연구팀이 더 많은 사람을 분석하여 남성 동성애와 XQ28은 상관관계가 없다고 결론을 내렸다.

· 만약 동성애가 유전이라면 일란성 쌍둥이는 모두 동성애자가 되어야 한다. 왜냐하면 동일한 유전자를 물려받았기 때문이다.

· 2000년 베일리(Michael Bailey)가 호주의 3,782쌍을 대상으로 조사한 결과 일란성 쌍둥이가 둘 다 동성애자인 비율은 남자 11.1퍼센트, 여자 13.6퍼센트였다.

· 2010년 랑스트롬(Niklas Langstrom)이 7,652쌍의 일란성 쌍둥이의 동성애 일치 비율 조사 결과 더 낮은 결과인 남자 9.9퍼센트, 여자 12.1퍼센트만 둘 다 동성애자였다.

· 이 연구 결과는 동성애가 선천적으로 타고나는 것은 아님을

증명한다.[7]

· 칼만(F. J. Kallmann)은 1952년 연구를 통해서 일란성 쌍둥이 중 한 사람이 게이이면 다른 한 사람도 게이인 확률이 100퍼센트라는 것을 발견했다고 발표했다. 사실 이 결과는 나중에 교도소와 정신병원 수감자를 대상으로 한 것이 밝혀져서 신뢰성이 떨어진다.

## 2. 동성애가 유전이 아님에도 많은 사람이 유전이라고 생각하는 이유는 무엇인가요?

첫째, 동성애에 대한 우리의 지식이 너무나 부족하다.

둘째, 동성애에 대한 잘못된 논문들이 전 세계에 보고되었다. 나중에 잘못된 논문임이 밝혀졌는데도 사람들은 여전히 처음에 보도된 잘못된 논문을 기억하고 있다. 처음 동성애 유전자(XQ28)를 발견했다고 주장했던 해머 자신이 2005년 과거 XQ28과 동성애의 연관성은 잘못된 분석이었다고 인정했다. 그럼에도 많은 사람이 아직도 1993년의 논문을 사실로 알고 있다. 워낙 대대적으로 보도가 됐기 때문에 아직도 그렇게 기억하고 있는 것이다.

1973년 전까지 미국 정신과협회(APA)에서는 원래 동성애를 장애(disorder)라고 발표했다. 하지만 그 후에 성소수자들(LGBTQ)이 엄청난 정치적 압력과 로비를 동원해서 1973년에 동성애를 정신장애가 아닌 정상으로 재규정했다. 미국 정신과협회(APA)의 동성애에 관한 결정은 투표로 이루어졌다. 사실 과학적 진단으로 결정했다면 이런 결과가 나오지 않았을 것이다.

### 3. "동성애 유전자가 없다"라는 과학적 증거가 있나요?

첫째, 일란성 쌍둥이의 사례를 보면 알 수 있다(1번 답변 참고). 일란성 쌍둥이 중 한 사람이 동성애자라면, DNA가 같기 때문에 다른 한 사람도 동성애자가 되어야 하는 확률은 적어도 80-90% 이상이어야 한다. 같은 DNA, 같은 부모, 같은 환경에서 자라는 일란성 쌍둥이기 때문이다. 하지만 일란성 쌍둥이의 연구 결과는 동성애가 유전이 아님을 더 확실히 알려 주었다.

둘째, 동성애가 유전이라면 세월이 지나면서 동성애자의 숫자는 점점 줄어들다가 사라져야 한다. 소멸될 수밖에 없다는 얘기다. 동성애자는 자손을 낳을 수 없기 때문이다. 하지만 지금의 세상을 보라. 동성애자의 숫자는 점점 증가하고 있다. 이것은 유전의 문제라기보다는 오히려 선택의 문제라고밖에 볼 수 없음을 시사한다.

셋째, 동성애가 유전적인 문제라면 절대로 동성애자가 평범한 남편/아내이자 아버지/어머니로 돌아갈 수 없다. 하지만 동성애에 빠졌다가 나중에 이성애자로 돌아오는 사례가 굉장히 많다. 우리가 잘 아는 찬송 "약할 때 강함 되시네"를 작곡한 사람도 동성애자였지만 나중에 이성애자가 되어 결혼하고 아이도 낳고 잘 살고 있다.

마지막으로 2019년 미국 하버드대, 매사추세츠 종합병원 등은 국제학술지 〈사이언스〉에 총 47만7,522명의 유전체(유전자 전체)를 비교 분석한 결과 "동성애와 관련한 다섯 개의 유전자 변이를 발견했지만 이들이 동성애에 미치는 영향은 1퍼센트도 안 된다"라고 발표했다.[8]

### 4. 동성애가 증가하는 이유는 무엇일까요?

동성애자가 처음부터 동성과 성관계하기 위해 커밍아웃하는 일은 드물다. 대부분 누군가에게 거부당하고 인정받지 못한 데서 오는 외로움, 성 정체성 혼동, 자기혐오 등의 연약함으로 인해 스스로를 동성애자로 여기는 것이다. 그 이유의 대표적인 몇 가지는 다음과 같다.

첫째, 전문가들은 많은 경우 부모의 잘못된 성역할 때문이라고 말한다. 제임스 답슨(James Dobson) 박사는 500명 이상의 게이 청소년들을 상담한 결과 그 중 한 명도 아버지와 좋은 관계였던 적이 없었다고 말했다. 즉 자신을 거부하는 사람에게 더 큰 분노를 표현하는 방법으로 동성애를 택한 것이다. 아들은 아버지의 관심과 인정을 원한다. 이것이 잘 충족되지 않으면 동성애자의 길을 선택할 수 있다. 내가 만난 여러 게이나 레즈비언 아이들도 부모와 큰 갈등을 겪고 있었으며, 특히 레즈비언 아이들은 엄마를 지나칠 정도로 싫어하고 혐오했다. 따라서 가정 안에서 부모가 올바른 성역할의 모델을 보여 주는 것이 중요하다.

둘째, 어릴 때 겪은 잘못된 성 경험 때문이다. 예를 들어 어릴 때 성추행을 당한 여자아이가 본인이 남자였다면 이런 수모를 당하지 않았을 거라고 생각하고 남자처럼 행동하기 시작한다. 혹은 첫 성 경험이 게이나 레즈비언에 의한 것이었다면 동성애자가 될 가능성이 높다.

셋째, 미디어의 영향이다. 최근에 나에게 연락하는 성소수자 학생 부모는 자녀의 상당수가 미디어를 통해 동성애자로 커밍아웃했다고 호소했다. 그 학생들과 이야기해 보면 웹툰이나 포르노를 통해 동성애를 미화하는 내용을 접하면서 동성애 성관계에 대한 환상이 생겼다고 말한다. 나아가 이성애자들보다 동성애자들이 더 멋

있어 보이고 따라해 보고 싶은 생각이 들었다고 한다. 그들은 동성애를 다룬 포르노를 본 후 정상적인 남녀 관계가 시시해 보이기 시작했다고 말한다.

넷째, 동성애를 조장하는 사회의 영향도 크다. 어디를 가나 동성애를 찬성하고 그들을 너그럽게 이해하고 받아주어야 한다는 사회 분위기가 형성되고 있다. 학교에서도 동성애로 커밍아웃했을 때 친구들이 환호해 주며, 인기가 더 많아진다고 한다. 그러다 보니 동성애자의 생활이 어떤 건지 잘 모르고 그냥 동성애자로 커밍아웃한 아이들도 상당수 있다.

다섯째, 공립학교의 동성애를 장려하는 교육이다. 동성애자의 성생활은 안전하며(실상은 전혀 안전하지 않다) 임신이 안 되기 때문에 건강한 성생활을 할 수 있다고 교육하고 있다. 학교에서 장려하는 교육으로 인해 아이들은 동성애가 정상적이며 좋은 것이라 세뇌를 받고 있다. 교육만 하는 것이 아니라 미국에서는 학교에서 동성애자로 커밍아웃하면 아이들에게 호르몬 약이나 주사(Puberty Blockers 또는 Cross sex)를 부모 허락 없이 주고 있다. 호르몬 약이나 주사를 맞으면 아이는 영구적으로 임신할 수 없는 '불임의 몸'이 된다고 이미 많은 의사가 경고한 상황이다.

마지막으로, 신체적인 조건이다. 예를 들면 굉장히 여성스럽게 생긴 남자나 그 반대의 경우에도 동성애로 빠지는 경우가 있다. 동성 친구들이 정서적, 감성적으로 더 통하기 때문에 의지가 되는 것은 당연하다. 특히나 사춘기에는 친구들과의 관계를 그 무엇보다 중요하게 여기기에 동성 친구들과 더 가까이 지내는 것이 좋다. 하지만 동성 친구와 정서적, 감성적으로 더 통한다고 해서 모두 게이나 레즈비언이 되는 것이 아니다. 우정을 사랑으로 착각하면 안 된다. 그리고 사춘기 때는 호르몬의 영향으로 성 정체성의 혼란이 올 수 있다. 《Diagnostic and Statistical Manual of the American

Psychiatric Association》에 의하면 성 정체성에 혼란을 느끼는 남자아이들의 98퍼센트는 어른이 되어 자신의 생물학적 성을 잘 받아들이는 것으로 나타났다.

샤일로 졸리 피트 모습 ▶

한 예로 미국의 배우 안젤리나 졸리(Angelina Joli)의 딸, 샤일로 졸리 피트(Shiloh Jolie-pitt)는 어렸을 때부터 자기는 남자라면서 존(John)이라고 불러달라고 했다. 미국에서 많은 아이들이 하듯 샤일로에게 성전환 수술을 시킬 수 있었겠지만 그렇게 하지 않았다. 샤일로는 지금은 너무 아름다운 숙녀가 되었다. 만약 어렸을 때 성전환 수술을 했으면 어떻게 되었을까? 성전환 수술은 나중에 다시 되돌릴 수 없다.

### 5. 성경은 동성애를 어떻게 말하나요?

창세기 19:1-13

레위기 18:22

로마서 1:26-27

고린도전서 6:9-10

디모데전서 1:9-10

▷▷ 위의 성경구절을 함께 읽고 리더가 설명해 준다.

먼저 하나님의 말씀에 죄라고 한 것은 죄임을 기억하자. 말씀을 보면 하나님 나라에 들어가지 못하는 많은 죄들이 나열되어 있다. 우상숭배, 간음, 탐욕, 분노, 교만, 질투, 살인, 음란, 음행, 동성애 모두 아담 때부터 이 세상에 들어온 죄들이다. 성경은 동성애를 다른 죄보다 더 큰 죄로 여긴다고 말씀하진 않았다. 하나님은 모든 죄를 심각하게 생각하시며 미워하신다. 또한 하나님은 모든 죄인이 회개하고 돌아오기를 원하신다.

성경은 "너희 중에 이와 같은 자들이 있더니 주 예수 그리스도의 이름과 우리 하나님의 성령 안에서 씻음과 거룩함과 의롭다 하심을 받았느니라"(고전 6:11)라고 말씀한다. 고린도전서 6장 9-10절에서 말하는 하나님 나라에 못 들어갈 많은 죄를 지은 자들이라 하더라도(동성애자 포함) 예수님 이름의 능력으로 말미암아 씻음을 받고 거룩하다 칭함을 얻을 수 있다.

빛이 어두움에 들어오면 어두움이 사라지듯, 동성애자가 예수님을 만나면 죄에서 나올 수 있게 된다. 예수님의 죽으심과 부활은 모든 사람을 위한 것이며, 예수님의 피에는 놀라운 능력이 있다. 동성애자라고 모두 지옥에 가는 것이 아니고, 이성애자라고 모두 천국에 가는 것이 아니다. 천국은 오직 예수님을 통해서만 갈 수 있다.

### 6. 기독교인으로서 동성애자들을 어떻게 대해야 할까요?

이것은 굉장히 중요한 문제이다. 두 가지만 기억하면 된다. 첫째, 하나님은 사랑이시라는 것이다. 그래서 우리는 그들을 사랑으로 대해야 한다. 둘째, 하나님 공의, 즉 성경에서 말씀하는 기준 위에 올바로 서 있어야 한다. 하나님은 회개하는 죄인을 용서하시지만, 회개하지 않고 계속 같은 죄를 즐기는 자를 무한정 봐주고 용서하시는 분이 아니다. 동성애는 정신적 사랑만이 아니라 동성 간의 성행위를 말한다. 하나님이 성을 인정하시는 관계는 부부 관계뿐이다. 그 외 모든 성행위는 죄다.

동성애자들은 서로 사랑한다면 인정해 주어야 한다고 주장한다. 그러나 그런 잣대로 모든 관계를 인정하게 되면 이 세상은 혼란스러울 것이다. 배우자가 바람을 피우면서 진심으로 사랑하는 관계이니 인정해 달라고 한다면 이 세상에 올바로 남아 있을 가정이 얼

Note)
유튜브에 '동성애 극복 사례-크리스토퍼 원' '동성애 극복 사례-멜리사 프레어'(건사연 TV 제공)를 검색하고 같이 시청하는 것도 좋은 방법이다(큐알 참고).

크리스토퍼 사례 ▶

멜리사 사례 ▶

마나 될까? 우리 기준으로는 진심 어린 사랑, 진정한 사랑인 것 같아도 하나님 앞에서 죄라면 멀리해야 한다.

사랑과 공의, 두 가지의 균형을 맞추어야 한다. 만약 교회에 동성애자가 왔다면 먼저 그 영혼을 위해 기도해야 한다. 그를 위한 중보기도 팀을 만드는 것도 좋은 방법이다. 하나님이 그를 하나님의 사람으로 택하셨다면 그를 죄에서 벗어나게 하실 것이다. 빛 되신 예수님을 만나면 어둠이 물러가고 빛의 자녀로 살아갈 수 있다. 그들에게 우리가 먼저 사랑을 보여 주고 진리를 선포할 때 많은 사람이 탈동성애하는 것을 볼 수 있을 것이다. 사랑도 없고 관계도 형성이 안 되었는데 말씀으로 정죄하면 오히려 마음을 닫게 된다.

예수님도 간음하다 잡혀온 여인을 먼저 정죄하지 않으셨다. "죄 없는 자가 먼저 돌로 치라"(요 8:7)는 말씀으로 여인을 사랑으로 품으시자 여인은 그 사랑에 마음이 녹았다. 우리도 예수님의 본을 따라야 한다. 우리는 모두 죄인임을 잊지 말자. 하나님은 동성애는 죄악된 행위라고 정확히 말씀하셨지만, 동성애뿐만 아니라 많은 죄악된 행위들, 즉 간음, 우상숭배, 거짓말, 도둑질 등도 죄라고 말씀하셨음을 기억하자.

### 7. 성소수자로 인정받으면 행복해질까요? 성전환 호르몬 약이나 성전환 수술이 행복한 삶을 만들어 줄까요?

미국 질병통제예방센터(CDC)에 의하면, 2007년과 2017년 자살률을 비교해 본 결과, 지난 10년간 10-14세 아이들의 자살률이 세 배나 늘어났으며, 현재 학생들의 자살 비율 역시 급격히 올라가고 있다고 한다.[9] 그리고 미국 질병통제예방센터(CDC)에서 분석한 결과 "자신을 성소수자로 분류한 학생 중 40퍼센트가 '심각하게 자살을 생각해 본 적 있다'고 응답했다"라고 발표했다.[10]

성전환 호르몬 약이나 성전환 수술에 관하여는 지금까지 어떤 보고서에도 어릴 때 다른 성으로 바꾸는 성전환 수술을 통해 자살률이 내려갔다는 보고서는 없다. 오히려 성전환 호르몬 약을 먹거나 성전환 수술을 한 사람들을 조사한 결과 그 반대의 보고서들과 연구 결과들이 나온 상황이다. 30년간의 데이터를 분석한 결과 성전환 수술 후 10년까지는 괜찮다가 그 후에 우울증과 자살 충동으로 힘들어한다는 사실이 밝혀졌다. 30년 후를 분석한 결과 성전환 수술을 받은 사람이 성전환 수술을 받지 않은 사람보다 열아홉 배나 많이 자살했다.

이 모든 자료를 통합해 볼 때 성전환 수술이나 약물 치료가 행복하게 해주지 않을 뿐더러, 오히려 자살 비율을 더 올리는 것을 볼 수 있다.

## 미래 배우자를 위한 기도 리스트 작성

어릴 때부터 미래의 배우자를 위해 기도하는 것은 아주 중요하다. 하나님은 행복한 결혼 생활을 위해 우리의 배우자를 준비시키시지만 우리도 미래의 배우자에게 좋은 남편, 좋은 아내가 되기 위해 영적, 정신적으로 준비하고 훈련해야 한다. 내가 준비된 만큼 배우자도 준비시키시는 하나님을 생각하며 편지를 써 보자.

▷▷ 예쁜 편지지를 준비해 학생들에게 나눠 주고 미래의 배우자를 위한 기도제목을 쓰게 한다.

예) 하나님을 신실하게 믿고 세상과 타협하지 않는 남편, 힘들고 어려운 사람을 돌보는 아름다운 마음을 가진 아내 등.

편지를 다 쓰고 나면 리더는 아이들에게 방에 붙여 놓고 매일 미래의 배우자를 위해 기도하라고 권면한다. 미래의 배우자를 위해 기도하는 것의 중요성을 가르치고, 집에 가서 부모님과 나눔의 시간을 가지라고 한다. 부모가 젊었을 때 기도했던 배우자를 위한 기도 제목들 중에 어떤 것들이 이루어졌는지, 어떤 성품에 감사하는지 나누어 보라고 한다.

## 독서 토론

중학생

《성과 새로운 나》(우리 자녀 성경적 성교육 시리즈 개정판)

Chapter 11 데이트와 이성교제

Chapter 12 가족과 잘 지내기

Chapter 13 새로운 나

* 효과적인 토론시간을 위해《성과 새로운 나 워크북(남·여 통합본)》을 참고하세요.

고등학생

《사랑, 성 그리고 하나님》(우리 자녀 성경적 성교육 시리즈 개정판)

Chapter 7 결혼, 둘이 하나되기

Chapter 8 둘이 셋이 될 때

* 책을 읽으면서 생겼던 질문이나 느낀 점들을 소그룹으로 나눕니다.

## 제4과 숙제

1. 영화 <신은 죽지 않았다 1>(*God's not dead 1*)을 부모님과 같이 시청하고 느낀 점들을 나누어 보세요. 학생용 책에서 영화 감상문을 작성하세요.

신은 죽지 않았다 ▶ 

제5과

# 순결, 하나님의 선하신 계획

요점

1. 순결의 의미
2. 예수님의 피로 산 귀한 나의 몸
3. 나의 몸은 성령님의 전
4. 하나님이 만드신 성의 이해
5. 세상이 주는 왜곡된 성의 이해

암송구절

너희 몸은 너희가 하나님께로부터 받은 바 너희 가운데 계신 성령의 전인 줄을 알지 못하느냐 너희는 너희 자신의 것이 아니라 값으로 산 것이 되었으니 그런즉 너희 몸으로 하나님께 영광을 돌리라(고린도전서 6장 19-20절)

| 프로그램 순서 | | 소요시간 3시간 20분 | 설명 |
|---|---|---|---|
| 소그룹 | 숙제 점검 | 10분 | 영화 나누기: <신은 죽지 않았다1> (*God's not dead 1*) |
| 전체 그룹 | 전체 성경공부 "순결" | 30분 | 전체 인솔자가 인도 |
| 남자반 /여자반 나눔 | 반창고 액티비티 (고등학생) | 20분 | 남자/여자반의 선생님 한 명이 인도 |
| 남자반 /여자반 나눔 | 소그룹 토론 1 "성병" | 30분 | 남자/여자반의 선생님 한 명이 인도 |
| 남자반 /여자반 나눔 | 소그룹 토론 2 "불과 성(Sex)" | 30분 | 남자/여자반의 선생님 한 명이 인도 |
| 남자반 /여자반 나눔 | 토론하기 "성에 관한 세 가지 거짓말" | 20분 | 그룹별로 토론하기 여자 남자 따로 수업 |
| 기도와 나눔 | 배운 소감 나누기 기도 | 1시간 | 1강-5강까지 배운 소감 나누기 전체 기도로 마무리 |

## 전체 성경공부 "순결"

Note)
성경공부 하기 전에 암송 구절을 학생들이 외우도록 한다. 암송구절은 각 과가 시작하기 전에 외워 오는것으로 하면 시간을 절약할 수 있다.

### 1. 순결이란 무엇인가요?

하나님이 만드신 디자인대로 살려고 노력하고 헌신하는 삶이다. 하나님이 만드신 디자인대로 산다는 것은 결혼할 때까지 순결하게 나를 지키는 일이다.

▷▷ 하나님이 만드신 디자인이란 결혼을 통해서만 육체적, 정

신적, 영적으로 친밀하게 결합하는 것이다. 하나님이 만드신 디자인대로 살려고 "노력하고 헌신한다"는 것은 애써야 하고, 고군분투해야 한다는 뜻이다. 순결을 지키는 것의 핵심은 자유의지이다. 자유의지는 계속해서 훈련해야 한다.

미디어나 인터넷, 혹은 이성을 통해 유혹이 올 때 우리는 자유의지를 사용해 순결을 선택해야 한다. 컴퓨터를 켰을 때 이상한 장면이 보이면 곧바로 화면을 끌 수 있어야 한다. 이것은 하나님이 우리에게 주신 자유의지를 훈련함으로써 가능하다. 순결은 육체뿐만이 아니라 생각까지도 지키는 것이다. 순결에 대한 성경적 기준은 명확하고 정확하다. 우리의 수준으로 순결의 기준을 내려서는 안 된다. 우리는 성경 말씀에서 순결의 정의를 찾아야 한다. "나는 너희에게 이르노니 음욕을 품고 여자를 보는 자마다 마음에 이미 간음하였느니라"(마 5:28). 이 말씀처럼 마음에 음욕만 품어도 간음죄를 짓는 것이다. 우리는 죄의 본성 때문에 마음의 순결, 육체의 순결을 위해 죽을 때까지 몸부림치며 싸워야 한다.

### 2. 하나님은 성(sex)에 대해 어떻게 말씀하시나요?

하나님은 성관계를 하면 안 된다고 말씀하시지 않는다. 다만 하나님이 만드신 성을 그 목적에 맞도록 누리기 위해 결혼할 때까지 기다리라고 하신다. 하나님이 창조하신 성은 아름답고 너무 고귀해서 잘 보호하지 않으면 아주 큰 대가를 치르게 된다.

▷▷ 성관계는 결혼이라는 테두리 안에서만 즐기는 것이고 그 테두리를 벗어나면 죄다. 순결은 그 테두리를 지키는 것이다. 해수욕장에 가보면 수영을 할 수 있는 범위를 정해 놓은 주황색 부표가

있다. 부표 안에서도 충분히 물놀이를 할 수 있고, 그 표시가 우리를 안전하게 보호한다. 경계를 벗어나고자 한다면 위험하다.

마찬가지로 하나님은 이미 말씀으로 우리에게 결혼이라는 테두리 밖으로 나가면 위험하니 순결을 꼭 지키라고 하셨다. 앞에서 얘기했듯이 성관계는 생명을 잉태하기 위해서 하는 것이고, 결혼 안에서의 성관계는 즐거운 것이다.

하나님이 결혼이라는 제도를 만드셨다. 그러나 결혼 전에 이 선을 넘는다면 임신할 수도 있고, 쾌락의 죄뿐만이 아니라 낙태하거나 미혼모가 되는 힘든 결과를 초래하기 때문에 결혼 전 순결을 지키는 일은 참으로 중요하다.

하나님은 성관계를 하면 안 된다고 말씀하시지 않았다. 하지만 그냥 '예스'가 아니라 '기다린 후에 예스'(wait and yes)다. 하나님이 만드신 성은 너무나도 아름답지만 깨어질 수도 있기 때문에 주의해야 한다. 그리고 하나님이 성을 만드신 목적에 맞도록 결혼할 때까지 기다려야 하는 것이다.

성경은 "음행과 온갖 더러운 것과 탐욕은 너희 중에서 그 이름조차도 부르지 말라 이는 성도에게 마땅한 바니라"(엡 5:3)라고 했다. 여기서 '성도'라는 말은 하나님의 자녀(God's holy people), 즉 기독교인을 말한다. 기독교인이 되는 순간 우리는 하나님의 자녀가 된다. 전에는 마귀의 자녀였다가 이제는 하나님의 자녀가 된 것이다.

예를 들면, 옛날에 거지였는데 왕이신 하나님이 지나가다가 나를 입양해서 왕자나 공주가 되었다. 하지만 궁궐에 와서 좋은 옷과 맛있는 음식을 다 뒤로하고 거지처럼 살던 방식대로 산다면 어떻게 되겠는가? 거룩해야 할 우리가 음욕과 더러운 것을 구하는 행동이 바로 그런 것이다. 하나님의 공주답게, 하나님의 왕자답게 자부심을 갖고 살아야 하며, 그것이 하나님의 뜻이자 축복이다.

3. 세상은 순결을 지키고자 하는 사람에게 어떻게 이야기하나요?

이 세상은 온갖 미디어를 이용해 진정한 사랑은 모두 주는 것이라며 거짓된 포장으로 우리를 속여 왔다. 결혼 전에 성관계하지 않으면 결혼 후에 서로를 만족시키지 못할 거라고 속삭인다. 하지만 이것은 거짓말이다.

▷▷ 1994년 베데스다리서치 그룹이 워싱턴 포스트에 "혼외정사가 잘못되었다고 분명하게 믿는 부부가 그렇지 않은 부부보다 31퍼센트나 더 만족스러운 성생활을 하고 있다"는 내용의 보고서를 게재했다. 결혼 전에 순결을 지킨 사람들이 결혼 후에 가장 만족스런 성생활을 누린다는 게 밝혀진 것이다. 결혼 후에 만족스런 성생활을 누리지 못하는 이유는 순결을 지키지 않았기 때문이다. 결혼에서 성생활은 어떤 기술을 필요로 하는 것이 아니라 평생 서로 알아가는 친밀감의 문제이다. 데이트 단계에서 성관계를 하는 커플 대부분은 결혼까지 가지 않고 깨지곤 한다. 상대방에게 이용당하든지 상대방을 이용하는, 서로에게 상처를 주는 관계가 되는 것이다.

4. 하나님이 자기 아들의 피로 우리 몸을 샀다고 하셨는데, 그렇다면 우리는 자신의 몸을 어떻게 대해야 할까요?

▷▷ 성경은 "너희 몸은 너희가 하나님께로부터 받은 바 너희 가운데 계신 성령의 전인 줄을 알지 못하느냐 너희는 너희 자신의 것이 아니라 값으로 산 것이 되었으니 그런즉 너희 몸으로 하나님께 영광을 돌리라"(고전 6:19-20)고 했다. 내 몸은 하나님, 성령님의 성전이라는 것이다. 하나님은 우리 몸을 굉장히 소중히 여기신다. 하나님이 우리 몸을 창조하셨고 언젠가 예수님이 다시 오실 때 우리

몸은 부활하여 영혼과 함께 영원히 살게 될 것이기 때문이다. 그래서 우리 몸을 음란한 데 사용하면 안 된다. 우리 몸이 성령 하나님이 거하실 수 있도록, 거룩한 성전이 되도록 지켜야 한다. 순결하고 깨끗하고 거룩하게 자신의 몸을 관리해야 한다.

우리가 몸을 순결하게 지켜야 하는 또 다른 이유는 우리 몸은 예수님의 피 값으로 산 것이기 때문이다. 따라서 이 세상의 그 어떤 것과도 바꿀 수 없다. 또한 우리는 하나님께 영광을 돌려야 하기에 음행을 저질러서는 안 된다. 만약 순결을 지키지 않고 음행을 저질렀을 때는 그에 대한 죄의 결과가 있다. 그 많은 결과 중에서 가장 무서운 것이 성병(STD)이다.

5. 순결을 꼭 지켜야 하는 이유가 무엇입니까?

· 하나님이 우리 몸을 만드셨기 때문이다.
· 하나님이 우리를 구원하기 위해 자기 아들인 예수님의 피로 우리 몸을 사셨기 때문이다.
· 다른 죄는 내 몸 밖에서 일어나지만 성적인 죄는 내 몸 안에서 일어나기 때문이다. 내 몸은 하나님의 성전이므로 정결히 간직해야 한다.
· 순결을 지키는 것은 미래의 배우자에게 가장 큰 선물을 주는 것이다. 또한 미래의 자녀들에게 성경적 성교육의 가장 좋은 선물을 줄 수 있다.
· 사탄은 순결의 옷을 입고 거룩하게 사는 자녀를 두려워한다. 영적 싸움에서 쉽게 이기는 것은 순결하게 사는 것, 즉 거룩하게 사는 것이다.

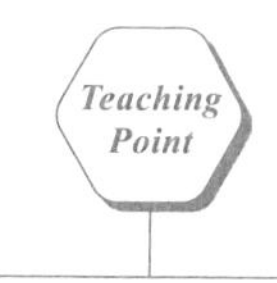


순결은 육체뿐 아니라 생각까지도 지키는 것임을 리더가 이야기한다. 그것은 자유의지를 훈련함으로써만 가능하다는 사실도 강조하라. 또한 우리는 예수님이 피 값으로 사신 몸이기에 음행을 저질러서는 안 된다고 말해 준다.

### 6. 순결을 지키는 게 쉬울까요, 어려울까요?

▷▷ 어렵다. 하지만 어렵다고 지킬 수 없는 게 아니다. 이 세상은 순결을 지키려는 사람들에게 문화라는 이름으로 놀리며 공격하고 있다. 하지만 지금도 이 세상에는 많은 신실한 기독교인들이 순결을 지키며 행복한 결혼생활을 한다. 결혼 안에서 부부의 성관계는 하나님이 기뻐하시는 거룩한 것이다. 순결을 지키면 하나님의 최선과 최고의 선물을 받을 수 있게 된다. 그날까지 기다리며 성령님의 도움으로 자기를 절제하고 순결의 열매를 맺는 사람은 복된 결혼 생활을 하게 되는 것이다. 그날을 기대하며 기다리는 기독교인이 되어야 한다.

## 반창고 액티비티

Note) '반창고 액티비티'는 고등학생에게 더 적합하다.

진행 방법

1. 모든 학생에게 반창고 두 개를 나누어 준다.
2. 반창고 두 개를 하나는 오른쪽 손등에 붙이고 다른 하나는 왼쪽 손등에 붙인다.
3. 왼쪽 손등에 있는 반창고를 이마, 코, 볼, 목, 팔에 붙였다가 다시 왼쪽 손등에 붙여 보라고 한다. 양손을 흔들어 본다.

리더가 다음과 같이 설명한다.

▷▷ 반창고를 이곳저곳 붙이면 끈적끈적한 접착력을 많이 잃어버린다. 반창고 실험을 통해서 여러 곳에 붙였던 반창고의 접착력이 점점 떨어지는 것을 알 수 있다. 이에 비해 오른쪽 손등에 처음부터 끝까지 계속 붙어 있던 반창고는 그 자리에 잘 붙어 있는 것을 알게

된다.

시카고 대학의 설문조사에 따르면, 일부일처의 기혼 부부는 87퍼센트라는 높은 수준의 성적 만족도를 나타낸다고 한다. 이 실험을 통해 여러 사람과 잠자리하면 부부 간의 유대감이 점점 약해지게 됨을 알 수 있다.

하나님이 한 사람과만 성관계하도록 만드신 이유는 결혼까지 기다리고 순결하게 사는 부부에게만 주어지는 하나님의 특별한 축복이 기다리고 있기 때문이다(강한 유대감과 최고의 만족). 많은 사람과 잠자리하는 것은 상대방의 미래의 남편 그리고 미래의 아내가 누려야 할 친밀감과 유대감을 훔치는 행위다. 처음에 느꼈던 유대감과 친밀감은 아무리 노력해도 같을 수 없다. 그래서 그것을 찾아 헤매며 더 많은 사람과 성관계를 하지만 절대로 다시 경험할 수 없다.

성관계 단계까지 나간 젊은 남녀가 헤어지면 그동안 만들었던 유대감이 깨어지면서 영적, 정신적, 육체적으로 산산조각이 나 서로에게 깊은 상처를 주게 되는 것이다.

## 소그룹 토론 1 "성병"

Note)
남자와 여자를 나누어서 진행한다.

유튜브에서 "청소년 청년 에이즈 급증"을 검색한 후 함께 시청한다(C채널 뉴스로 방송한 내용).

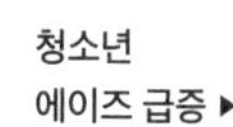

※ 성병(STD)에는 어떤 것들이 있나요? 또 증상은 무엇인가요?

· HPV(인유두종 바이러스)가 가장 많이 감염되는 성병이다. 바이러스를 통해 감염되기 때문에 성 접촉뿐만 아니라 여러 다른 통로로도 쉽게 감염될 수 있다.

· HPV는 여러 가지 암으로 발생, 전이될 가능성이 높다. 이 바이러스가 자궁경부암으로 발생될 가능성은 70퍼센트이며, 항문암의 95퍼센트는 HPV 16형으로부터 온다.
· 증상이 없을 때가 많기 때문에 자신이 감염되었는지도 모르는 경우가 많다(10-12년의 잠복기가 있음).
· 성적으로 문란한 사람들의 약 80퍼센트는 어느 시점에서 HPV에 걸리게 된다.
· 건강보험심사평가원에서 제출받은 자료에 따르면, '2014년부터 2018년까지 10-19세의 청소년 중 총 5만6,728명이 성병 환자에 해당된다(출처: 서울 아산병원).
· 10대 청소년 성병환자는 2014년 9,622명에서 2018년 1만 2,753명으로 33퍼센트 증가했다(출처: 서울 아산병원).
· 10대 여자 청소년은 성병이 2014년 7,345명에서 2018년에는 1만343명으로 약 41퍼센트 증가했다(출처: 진선미 의원실).
· 2019년 기준으로 전체 성병 환자 중 10대 여자 청소년이 81퍼센트를 차지한다(출처: 진선미 의원실).

▷▷ 성병이 무거운 주제이긴 하지만 꼭 알아 둘 필요가 있다. 성병을 STD(Sexually Transmitted Disease)라고 하는데 요즘 미국에서는 새로운 트렌드로 STI(Sexually Transmitted Infection)라고 한다. 질병(disease)은 불치병 또는 심각한 질병 같은 뉘앙스가 있어서 모든 성교육 교재에는 감염(infection)으로 고쳐 표기했다. 감염은 약을 먹으면 낫는다는 개념이 반영되었기 때문에 아이들에게 STI로 가르치고 싶어 하는 것이다.

성병은 그 종류가 굉장히 많다. 성병은 다 고칠 수 있는 게 아니다. 현재 가장 흔한 HPV는 치료가 불가능하고, HIV도 완치할 수 없다. HPV의 종류는 약 100여 가지인데, 이에 따라 새로운 성병이 계속 생기고 있는 상황이다. 미국질병통제예방센터(CDC) 보고에 따르면, 2015년 기준으로 열네 가지의 성병만 치료가 가능하다. 그 외의 성병은 평생 약을 먹거나 다른 병으로 전이되어 생명을 잃을 수 있다.

미국에서 성적으로 자유로운 십 대들을 조사한 결과에 따르면, 1960년에는 60명 중 한 명이, 1970년에는 47명 중 한 명이 성병에 걸렸는데, 지금은 두 명 중 한 명이 성병에 걸린다. 이처럼 청소년의 성문화가 심각한 상황이다. 미국에서는 매년 2천만 명씩 성병에 걸리고 있으며, 성병을 치료하기 위한 비용이 어마어마하다. 미국 질병통제예방센터 결과에 따르면 2018년 기준으로 미국에 사는 사람들 중 다섯 명 중에 한 명은 성병에 걸려 있는 상황이며, 매년 새로운 성병은 2천6백만 건이 발생하고 있다.[11] 한국의 상황도 심각하다. 2014년부터 2018년까지 청소년 성병 진단 실태를 보면, 약 33퍼센트 급증했으며, 청소년 성병 환자는 9,622명에서 1만 2,753명으로 껑충 뛰었다.

HPV는 대부분 생식기에 발병하는 인유두종 바이러스이지만 꼭 성행위를 통해서만 감염되는 것은 아니다. 이것은 바이러스 감염이기 때문이다. 또한 자신의 몸에 이상 증상이 없어도 다른 사람에게 전염시킬 수 있다. HPV로 인해 사람이 죽지는 않지만, 이것에 감염되면 면역력이 급격히 떨어지고 여성이든 남성이든 이것을 통해서 생식기관에 암이 생기고 온몸에 전이될 수 있다. 경우에 따라 임신과 출산이 어려워지고, 구강인두암까지 걸릴 수 있다. 대부분 HPV로 죽는 경우보다 면역력이 떨어진 상태에서 암으로 전이되어 죽는 경우가 많다.

HIV는 흔히 에이즈라고 말하는 후천성면역결핍증을 유발하는 바이러스로, 수혈이나 성접촉, 주사기 바늘 등을 통해서 감염된다. 처음에는 감기처럼 기침이나 발열 증상이 있다가 차츰 몸에 있는 면역세포가 서서히 파괴되어 면역체계가 손상되고 바이러스, 세균, 곰팡이 원충 또는 기생충에 의해 감염증과 피부암 등 악성종양이 생겨 결국 사망하게 되는 병이다. 2014년 미국 질병통제예방센터는 새로 걸리는 HIV의 70퍼센트가 게이나 양성애자라고 발표했다. 미국 질병통제예방센터 2015년 데이터를 보면 동성애자가 전체 HIV의 70퍼센트를 차지한다.

한국은 1986년 세 명이 에이즈에 감염되었다고 보고되었지만, 2018년에는 1,206명이 에이즈 감염자로 신규 보고되었다. 한국 내에서 총 1만7,500명가량이 누적 감염된 것으로 보고되었다. 이중 남자가 91.2퍼센트이며, 이들 중 60-70퍼센트 이상이 남성 동성애자다. 이를 통해 게이나 양성애자들이 보통 사람들보다 훨씬 더 치명적인 성병에 노출될 확률이 높다는 것을 알 수 있다.

HPV는 10-12년의 잠복기가 있는데 잠복기 동안에는 90퍼센트가 증상이 없기 때문에 겉으로는 멀쩡해 보이지만 성병을 가지고 있다. 또 HIV도 10-15년 동안 잠복기가 있기 때문에 밖으로 나타나지 않는다.

디모데전서 4장 12절, "정절에 있어서 믿는 자에게 본이" 되라는 말씀은 깨끗한 믿음, 순결한 생각, 순결한 몸을 지키라는 의미이다. 따라서 나쁜 생각, 불결한 생각들을 없애 버리고 몸을 깨끗하고 거룩하게 함으로 하나님의 사람으로 준비되어 있어야 한다. 사무엘, 다니엘, 이삭은 어릴 때부터 하나님을 기쁘시게 하는 믿음의 사람들이었다. 이들처럼 어릴 때부터 믿음의 본이 되는 것은 굉장히 중요하다.

성병에 걸리지 않게 하는 방법이 있을까? 그 방법은 하나밖에 없다. 결혼하기 전까지 순결을 지키고 결혼 후에도 배우자 한 사람만 바라보고 신실하고 순결하게 가정을 지키는 것이다.

## 소그룹 토론 2 "불과 성(Sex)" 활동

Note)
남자와 여자를 나누어서 진행한다.

### 목적

불과 성의 영향을 비교해 보기 위해 그들의 긍정적인 효과와 부정적인 위험 측면에서 공통점이 무엇인지 살펴 봅니다.

### 진행 순서

1) 불의 긍정적인 면을 모두 나열하세요. 불이 어떻게 우리 삶의 질을 향상할 수 있는지 쓰세요.
2) 성의 긍정적인 면을 나열하세요. 결혼 안에서의 성은 두 사람의 관계에 어떤 좋은 영향을 주는지 생각해 보고 쓰세요.
3) 불의 위험한 측면을 모두 나열하세요. 불이 자연 및 인간의 삶에서 어떤 위험을 초래할 수 있는지 쓰세요.
4) 성의 위험한 측면을 모두 나열하세요. 결혼 밖의 문란한 성생활이 신체적, 정신적, 영적으로 어떻게 돌이킬 수 없는 상처를 초래할 수 있는지 쓰세요.

▷▷ 소그룹으로 성의 긍정적인 면과 부정적인 면에 대해 토론합니다.

| | 불(Fire) | 성(Sex) |
|---|---|---|
| 긍정적/<br>이로운 면 | 요리<br>따뜻함/난방<br>균 살균<br>어둠을 밝힘 | 연합/친밀감<br>출산/가정<br>즐거움<br>하나님 뜻을 이룸 |
| 부정적인/<br>위험한 면 | 화재로 인한 자연/<br>집 파괴<br>이산화탄소 방출로<br>공기 오염<br>화상 위험 | 원하지 않은 임신<br>성병<br>마음의 상처<br>간음<br>죄책감/하나님과 멀어짐 |

## 토론하기 "성에 관한 세 가지 거짓말"

"얼굴이 못생기거나 뚱뚱한 건 죄다, 사랑하면 모든 것을 주는 관계가 되어야 한다, 사랑은 짜릿한 감정이다" 등 사탄은 대중매체를 통해 거짓된 메시지로 우리를 속이는 데 성공했다. 사탄은 처음부터 거짓의 아비이기 때문에 거짓말에는 탁월한 재능을 가지고 있다. 특히나 사탄은 하나님이 만드신 가정을 파괴하기 위해 모든 수단을 동원하고 있다. 사탄은 미래의 남편과 아내가 될 다음 세대의 가정이 파괴되기 원하는데, 이를 위한 가장 효과적인 방법이 바로 성적으로 문란하게 만드는 것이라고 본다. 그래서 하나님이 복으로 주신 성에 대해 많은 거짓된 정보들로 우리의 분별력을 흐리고 있는 것이다. 어떻게 하면 결혼하지 않고 성을 즐기면서 살 수 있는지 달콤한 유혹으로 다음 세대의 삶을 엉망으로 만든다. 세상이 말하는 세 가지 잘못된 성의 개념에 대해 알아보자.

▷▷ 학생들이 먼저 다음 문장을 읽고 이것이 왜 잘못되었는지 나누어 본다. 그러고 나서 선생님이 설명해 준다.

1. 성은 하나님이 만들었기 때문에 좋은 것이니, 성생활을 즐기는 것은 좋은 것이다?

▷▷ 성경은 "음행과 온갖 더러운 것과 탐욕은 너희 중에서 그 이름조차도 부르지 말라"(엡 5:3)고 했다. 하나님이 만드신 성이 아름답고, 사람이 그것을 즐기기를 원하셔서 성을 만드신 것은 맞다. 만약 하나님이 우리에게 성 욕구를 주시지 않았다면 자녀를 낳지 않게 될 테고, 그러면 이 세상은 심각한 문제에 빠지게 된다.

따라서 하나님이 만드신 성의 목적을 바로 알아야 한다. 하나님은 처음부터 한 남자와 한 여자가 서로를 신뢰하고 두 사람이 영적, 정신적, 육체적으로 하나 되는 축복된 결혼을 계획하셨다. 남자와 여자가 하나 되는 것은 하나님이 복 주신 거룩한 행위다. 그리고 그 누구도 깰 수 없는 언약의 관계가 되는 것이다. 하나님은 우리에게 성이라는 선물을 누리면서 감사하는 삶을 살기를 원하셨다. 하지만 결혼 외의 모든 성관계는 잘못된 성욕이다. 결혼 밖의 성은 절대로 하나님이 기뻐하시지 않는다.

### 2. 사랑하면 섹스는 당연히 하는 것이다?

▷▷ 이 세대는 사랑이라는 단어를 떠올리면 자동으로 섹스로 연결 짓는다. 너무도 당연한 흐름이라고 생각한다. 세상의 많은 문화 매체가 사랑을 다룬다. 그들은 진실한 사랑이 아니라 '사랑하면 섹스를 해라'는 식의 메시지를 끊임없이 전달한다. 그러면서 사랑의 정의가 완전히 왜곡되어 버렸다. 사랑의 진짜 의미는 무엇일까? 사랑의 정의는 사랑의 근원이신 하나님의 말씀에서 찾아야 한다. 고린도전서 13장에 보면 사랑의 정의가 나온다. 사랑은 오래 참고, 계속해서 용서하며, 친절하고 구속하지 않는 것이다. 우리를 먼저 사랑하신 하나님의 사랑으로 상대방을 사랑하는 것이다. 만난 지 얼마 안 되어 성관계를 원하는 사람은 나를 진심으로 사랑하는 게 아니라 내 육체를 사랑하는 것이다. 데이트를 시작할 때 바운더리에 대해 이야기하고 순결을 지키는 상대방은 더 매력적이다. 성숙한 크리스천이라면 '이 사람을 놓치면 안 되겠구나' 생각할 수밖에 없다. 사랑은 첫눈에 반하는 것이 아니다. 진실한 사랑은 오랜 시간 함께 소통하며 알아가는 것이다. 진실로 그 사람을 사랑하면 더 지켜주고 싶고 그 사람의 의견을 존중하게 된다.

### 3. 결혼은 미리 살아보고 결정하는 것이 현명하다?

▷▷ 부부 관계에서 가장 중요한 것은 육체적인 관계가 아니다. 육체적인 관계도 부부 생활에 중요한 비중을 차지하지만 더 중요한 것은 서로를 이해하고 배려하고 하나님이 주신 비전을 향해 같이 나아가는 것이다. 많은 경우 성관계를 기술적인 것이라고 생각한다. 하지만 성관계는 기술적인 문제보다 소통의 문제이다. 소통을 통해 서로의 필요에 더 민감해지고 서로를 존중하는 것이다. 부부 관계에서는 성관계보다 소통이 훨씬 더 중요하다.

많은 크리스천이 "결혼하기 전에 성관계를 해보지 않으면 그 사람과 속궁합이 맞는지 알 수가 없다"라는 거짓말에 순결을 타협하고 있다. 결혼 때까지 순결을 지킨 남편과 아내는 결혼을 통해 이제 새로운 모험을 하는 것이다. 평생 서로를 알아가고, 최고의 육체적인 관계의 기쁨을 알게 되고, 최고의 만족을 누릴 수 있게 되는 것이다. 오히려 육체적인 정욕에 이끌려서 무분별하게 스킨십한다면 서로 더 가까워지기보다 언젠가는 서로에게 무관심하게 되고, 이별의 상처를 주는 관계가 되기 쉽다.

## 기도와 나눔

남자와 여자를 만드신 하나님, 경이롭게 나를 만드신 하나님, 믿음의 남자와 현숙한 여자로 훈련하시는 하나님, 하나님이 기뻐하시는 데이트, 나의 몸을 귀하게 여기시는 하나님에 대해 배웠다. 성경적 성교육(PURITY) 수업을 통해 배운 것을 나누고, 앞으로 어떻게 살지 결심하는 시간을 가져 보자.

- 결혼에 대한 생각이 어떻게 바뀌었나요?
- 결혼을 통해 자녀를 갖는 것에 대한 생각이 어떻게 바뀌었나요?
- 낙태에 대한 생각이 어떻게 바뀌었나요?
- 믿음의 남자와 현숙한 여자로 훈련하기 위해 앞으로 어떻게 노력할 건가요?
- 하나님이 기뻐하시는 데이트를 하기 위해 어떻게 노력할 건가요?
- 데이트의 바운더리를 어떻게 만들 건가요?
- 순결을 지키기 위해 어떻게 노력할 건가요?
- 훗날 어떤 믿음의 가정을 이루고 싶나요?
- 훗날 자녀를 어떻게 키우고 싶나요?
- 언젠가 우리가 마지막 숨을 쉬고 하나님 앞에 서게 되었을 때 어떤 칭찬을 받고 싶나요?

성경적 성교육(PURITY)은 일반적인 교회 프로그램이 아니다. 성경적 성교육은 악하고 패역한 이 마지막 시대에 순결한 한 사람을 찾으시는 하나님의 마음을 깨달아 거룩하고 순결한 자녀가 되어 이 세상을 바꾸는 게임 체인저가 되도록 준비시키는 과정이다. 사탄이 가장 무서워하는 거룩한 자녀가 되어 이 세상에 거룩한 영향력을 주는 하나님의 자녀가 되길 소망한다.

## 제5과 숙제

영화 <기도의 힘>(*War Room*)을 부모님과 같이 시청하고 느낀 점들을 나누어 보세요. 학생용 책에 영화 감상문을 작성하세요.

## 제6과

# 순결 서약식

순결 서약식은 그동안 배운 내용을 토대로 예수님의 신부로서 영적 순결을 지키고자 하나님과 서약하는 시간이다. 또한 미래의 배우자를 위해 정신적, 육체적 순결을 지키기로 하나님과 부모, 그리고 친구들 앞에서 서약하는 시간이기도 하다.

부모는 자녀가 본인의 아들딸이기 전에 하나님의 자녀임을 인정하고, 하나님이 자녀를 주신 목적에 맞게 키우도록 최선을 다할 것을 서약하는 시간이다. 먼저 부모로서 신앙의 본이 되어 항상 하나님의 말씀을 묵상하고, 말씀대로 순종하며 살도록 가르치며, 세상과 타협하지 않고 하나님을 기쁘시게 하는 삶이 무엇인지 분별할 수 있도록 훈련할 것을 약속하는 시간이다. 무엇보다 부모는 자신이 나약한 존재임을 인정하고, 이 모든 것을 부모의 힘이 아닌 하나님이 주시는 지혜와 믿음으로만 할 수 있다고 고백해야 한다.

서약식에 참여하는 학생들은 순결한 삶을 살도록 가족과 친구들에게 지혜와 충고를 구해야 한다. 그리고 사람은 죄인이기 때문에 항상 전신갑주로 무장하여 유혹에 넘어지지 않도록 하나님께 간구하는 삶을 살 것을 약속해야 한다. 손에 끼워진 순결반지를 볼 때마다 최고와 최선의 선물을 준비하신 하나님께 감사하며 영적, 정신적, 육체적 순결을 지키기로 결심하라. 순결한 삶을 통해 거룩한 하나님의 백성으로 영향력 있는 삶을 살아가는 하나님의 아들, 딸이 될 것을 서약하는 시간이 되길 바란다.

준비물

엄마에게 쓴 편지(제2과에서 쓴 편지), 순결 반지, 성교육 수료증,
순결 서약에 필요한 서약서(부모 서약서, 학생 서약서)

프로그램

| 프로그램 순서 | | 소요시간 약 2시간 | 설명 |
|---|---|---|---|
| 전체 그룹 | 학생 입장 | 10분 | |
| | 기도 | 5분 | |
| | 식사 | 40분 | 식사가 끝나갈 때쯤 5주 동안 배운 사진 슬라이드를 보여 준다. |
| | 설교 | 10분 | |
| | 간증 | 10분 | 아이들 중에 2-3명 선정 |
| | 엄마에게 쓴 편지 읽기 | 5분 | 자녀가 엄마에게 읽어 주기 |
| | 수료증과 반지 수여 | 20분 | 반지는 학생과 부모의 순결 서약이 끝난 후 부모가 자녀에게 끼워 준다. |
| | 학생 순결 서약 | 10분 | |
| | 부모 순결 서약 | 10분 | |
| | 자녀를 위한 부모님의 기도 | 10분 | 자녀에게 반지를 끼워 준 후 부모는 자녀를 위해 기도하는 시간을 갖는다. |
| | 대표 기도(인도자) | 3분 | |
| | 축도(담임 목사님/교육부 목사님) | | |

참고)
순결 서약식은 5주간 배운 내용을 바탕으로 하나님과 부모와 친구들 앞에서 순결한 삶을 살겠다고 약속하는 귀중한 시간이다. 여자아이들은 하얀 드레스를, 남자아이들은 정장을 입고 순결 서약식에 진지하게 임할 수 있도록 한다. 반지는 은 또는 금으로 준비하고, 반지 안에 "true love waits"라고 새겨서 줄 것을 권한다. 부모로서 자녀를 순결하게 키울 것을 서약하고 자녀들을 위해 기도하며 축복하는 이 시간은 아이들에게 가장 잊지 못할 시간이 될 것이다.
풍선이나 리본, 꽃 등을 이용하여 서약식 장소를 결혼식 장처럼 파티 분위기를 내면 더 효과적이다.

## 부록 1

### 부모님 인터뷰 질문지

학생 이름: __________ 학년: ________

다음 문제들에 자세히 답변해 주십시오.

1. 성경적 성교육(PURITY) 수업을 신청하신 이유는 무엇입니까?

2. 부모님과 자녀가 성에 대해 이야기한 적이 있습니까? 자녀가 성에 대해 어느 정도 알고 있다고 생각하십니까?

3. 아이들 성교육 전문서적을 찾아본 적이 있습니까? 만약 찾았다면 어떤 서적이었습니까?

4. 가정에서 정해 놓은 컴퓨터와 휴대폰 사용에 대한 규제가 있습니까?

5. 자녀를 위한 인터넷 안전장치가 있습니까?

6. 자녀가 포르노(Pornography)를 접한 경험이 있습니까? 있다면 어떤 경로를 통해 접했습니까? 예) 미디어, 친구 등

7. 성교육 프로그램 이후에도 자녀를 위해 계속 기도와 관심을 갖기로 약속할 수 있습니까? 어떤 구체적인 계획을 가지고 있는지 설명해 주시기 바랍니다.

날짜 ____________________

이름 ________________ 사인 ________________

• 부모가 직접 설문지를 작성하도록 하라. 프로그램을 시작하기 전에 한 가정씩 부모 인터뷰를 하면서 부모가 자녀들의 성교육에 대해 얼마나 알고 있으며 관심이 있는지 알아보는 시간이다. 또한 이 프로그램이 교회에서만 책임지고 진행하는 것이 아니라 부모와 같이 협력하여 만들어 가는 것임을 알려 주라. 그리고 인터뷰를 통해 부모를 만나서 그 가정의 가치관과 신앙관도 파악할 수 있는 시간을 가져라.

• 부모의 인터뷰는 프로그램 시작 전에 꼭 마쳐야 한다. 인터뷰를 통해 자녀의 성교육에 대해 얼마나 관심이 있는지를 알 수 있다. 부모에게 성교육 과정 중과 그 후에도 많은 도움이 필요함을 알려 주라. 자녀 성교육의 가장 좋은 선생님은 부모임을 알려 주라.

• 부모 중에 자녀가 어릴 적에 성교육을 받는 것이 오히려 더 좋지 않은 영향을 줄까 봐 걱정하는 분이 있다. 우리 자녀에게는 두 가지 선택의 길이 있다. 세상에서 주는 잘못된 성교육을 먼저 받는 것, 아니면 성경적 성교육으로 하나님이 창조하신 질서와 가정의 목적을 먼저 배워서 잘못된 성교육 정보들을 분별해 내는 것이다. 두 가지 중 어떤 것을 선택할 것인가? 무엇보다 누가 먼저 자녀들의 마음을 장악하는지가 관건이다. 현명한 부모라면 자녀가 성경적 성교육을 통해 무엇이 옳으며 하나님을 기쁘시게 하는 일인지 분별할 수 있도록 훈련받는 것을 선택할 것이다.

## 부록 2

### 학생 인터뷰 질문지

학생 이름: ___________학년: ________

다음 문제들에 자세히 답변해 주십시오.

1. 성경적 성교육(PURITY) 수업에서 배우고 싶은 것은 무엇입니까?

2. 사람은 동물에서 진화되었다고 생각하나요? 진화에 대해 어떻게 생각하나요?

3. 사람과 동물의 차이점은 무엇인가요?

4. 연애를 시작하기에 적절한 나이가 몇 살이라고 생각하나요?

5. 결혼에 대해 어떻게 생각하나요? 긍정적인가요 부정적인가요?

6. 생명은 언제 시작된다고 생각하나요?

7. 임신에 대해 어떻게 생각하나요? 만약 결혼을 한다면, 몇 명의 아이를 낳고 싶나요?

8. 동성애가 죄라고 생각하나요?

9. 학교나 다른 곳에서 성 정체성에 대해 배운 적이 있습니까?

10. 성 정체성에 대해 어떻게 생각합니까? 기독교인으로서 동성애 친구들과 어떻게 지내야 합니까?

## 학부모 오리엔테이션

학부모 오리엔테이션은 성교육 시작 전주에 부모들을 따로 모아 한 시간 정도 진행하는 것이 좋다. 이 시간에 부모가 준비해야 할 준비물과 협조해야 할 것들을 알린다.

부모가 해야 할 중요한 숙제 중 하나는 매주 부모와 자녀가 영화를 한 편 보고, 영화에서 배운 것을 함께 나누는 시간을 갖는 것이다. 온라인이든 DVD든 부모가 미리 구입하여 각자 집에서 가족이 함께 영화를 본 후 서로 토론을 한다. 영화를 보고 토론하는 목적은 성교육이 끝나고 나서도 부모와 소통을 위한 대화의 길을 열고, 자연스럽게 성교육이 이어지게 하기 위함이다.

첫째 주 영화: 〈용기와 구원〉(*Courageous*)
둘째 주 영화: 〈파이어프루프-사랑의 도전〉(*Fireproof*)
셋째 주 영화: 〈믿음의 승부〉(*Facing the Giants*)
넷째 주 영화: 〈신은 죽지 않았다1〉(*God's not dead 1*)
다섯째 주 영화: 〈기도의 힘〉(*War room*)

## 영화 시청 후 질문지

1. 시청한 영화 제목은 무엇인가요?
2. 누구와 함께 시청했나요?
3. 영화를 본 후 부모님과 어떤 대화를 나누었나요?
4. 이야기를 통해 무엇을 배웠나요? 현재 나에게 적용할 수 있는 부분은 무엇인가요?

5. 이야기를 통해 미래의 나(10~15년 후)에게 적용할 수 있는 부분은 무엇인가요?

## 부모 준비물

학부모 오리엔테이션

첫째 주

- 자녀들 선물을 준비해서 자녀 모르게 선생님께 제출하기
- 남학생 부모는 선물 봉투에 데오드란트(겨드랑이 냄새 탈취제), 면도용 크림, 면도기, 줄넘기 그리고 아들에게 쓴 사랑의 편지를 준비한다.
- 여학생 부모는 선물 봉투에 생리대 가방(여행용 파우치 사용 가능), 생리대 3개, 속옷(팬티), 물티슈 그리고 딸에게 쓴 사랑의 편지를 준비한다.
- 자녀를 임신했을 때 찍은 초음파 사진(여러 장)
- 자녀의 이름과 몇 주차 사진인지 메모를 해 자녀를 맡은 선생님에게 자녀 몰래 제출한다.
- 자녀의 순결 반지 사이즈 재서 선생님에게 알려 준다(프로그램 시작 전 학생 인터뷰 때).
- 영화 보기: 〈용기와 구원〉(*Courageous*)

둘째 주

- 과일 준비. 자녀가 태어났을 때 무게와 비슷한 큰 과일(수박이나 허니듀 혹은 호박)과 500ml 물병 4개를 가방(배낭)에 넣어 자녀 편에 보낸다.
- 영화 보기: 〈파이어프루프-사랑의 도전〉(*Fireproof*)

셋째 주

- 사랑의 언어 테스트를 하고 가족이 서로 나눈다.

 - 부모의 사랑의 언어 테스트 & 자녀의 사랑의 언어 테스트 하기

- (옵션) 만약 세족식을 한다면 수건과 양말, 비누를 준비하게 한다. 대야는 교회에서 준비할 수 있다.
- 영화 보기: 〈믿음의 승부〉(*Facing the Giants*)

넷째 주

- 영화 보기: 〈신은 죽지 않았다1〉(*God's not dead 1*)

다섯째 주

- 영화 보기: 〈기도의 힘〉(*War room*)

여섯째 주

- 순결 서약식

 · 여학생: 흰색 드레스

 · 남학생: 세미 정장 차림(검정 바지에 흰색 셔츠 그리고 넥타이 착용)

## 부록 4

# 순결 서약식

### 학생 서약서

나는 하나님, 가족, 친구, 영적 리더들 앞에서 하나님이 명령하신 것처럼 순결한 삶을 살 것을 약속합니다.

나는 하나님의 뜻을 위해 하나님의 형상으로 창조되었으며, 순결을 지킴으로써 하나님께 순종하는 삶을 살며 하나님을 기쁘시게 하기 위해 최선을 다할 것입니다.

지금 이 시간 하나님께 드리는 약속을 지키기 위해 나는 가족과 친구들에게 지혜와 충고를 구할 것입니다.

이 반지는 하나님이 내게 주신 최고의 선물을 기다리는 나의 결심의 상징입니다.
나는 이 반지를 믿음으로 끼고 하나님께 영광을 돌리는 삶을 살 것입니다.

나의 마지막 호흡을 쉬고 하나님 앞에 섰을 때 나의 순결한 삶을 통해 하나님의 이름을 높이고 영향력 있는 기독교인의 삶을 통해 칭찬받을 날을 기억하며 말씀과 기도로 무장하고 거룩한 삶을 살도록 노력할 것입니다.

날짜____________________

이름________________ 사인 ________________

# 순결 서약식

## 부모 서약서

지금 이 시간 (자녀 이름)는(은) 우리 자녀이기 전에 하나님의 자녀임을 인정하고 하나님께서 (자녀 이름)를(을) 주신 목적에 맞게 키우도록 최선을 다할 것을 서약합니다.

먼저 부모로서 신앙의 본이 되어 항상 하나님의 말씀을 묵상하고 말씀대로 순종하며 살도록 가르칠 것이며, 세상과 타협하지 않고 하나님을 기쁘시게 하는 삶이 무엇인지 분별할 수 있도록 훈련할 것을 약속합니다.

부모의 힘으로는 이 모든 것을 할 수 없는 약한 존재임을 알기에 기도로 항상 하나님께 지혜와 힘을 달라고 간구할 것입니다. 이 반지는 (자녀 이름)가(이) 하나님 앞에서 몸과 마음을 순결히 지킬 것을 약속하는 표시로 주는 약속의 반지입니다. (자녀 이름)를(을) 하나님께 맡길 것을 서약합니다.

날짜____________________

이름________________ 사인 ________________

## 성교육 수료증

위 학생은 _______년 __월 __일 하나님과 가족 그리고 친구들과 영적 리더들 앞에서 하나님을 경외하며 세상과 구별된 거룩한 삶을 살도록 명령하신 하나님의 말씀을 기억하고 하나님 앞에서 순결한 삶을 살기로 서약하기에 이 증서를 수여합니다.

날짜 ______________________

담임목사님 서명 ____________

교회
로고

Scan this QR code to explore our library of videos. Enhance your program by previewing our collection of resources to enrich your experience and prepare you for an extraordinary session ahead.

Please inquire via email <info@protectnextgeneration.org>
for PurityTeacher/Leader Trainings, Conferences, or Parent Seminars.

# 3 Purity Teacher Guide

A 6-Week
Teacher's Guide to
Biblical Sex
Education
for Grades 6-12

# Prologue

In our modern society, the development of transportation and information communication technology has made our lives convenient. However, politics, culture, and education have become corrupt and the world has become secularized. Satan has succeeded in tempting people to relentlessly pursue money, sex, fame, and success. He also succeeded in preventing us from engaging in our spiritual life. In pursuit of this mission, Satan influences the next generation through different things such as webtoons, explicit content in popular music, pornography, homosexuality, and drugs, and distorts the concept of sex through promiscuous sex education.

It's been 21 years (as of 2024) since I have been doing this next-generation ministry. During those years, I have witnessed numerous young people who, after experiencing and dedicating themselves to God, hit a spiritual rock bottom and eventually left the church. Many of these young people who once were devoted to God and satisfied with Him alone, strayed away during adolescence. After talking to them, I found that more than 90% of these issues were related to matters of sexuality such as crossing boundaries in dating with girlfriends, feelings of guilt from watching explicit content, and sexual relationships with the same sex.

Martin Luther who led the religious Reformation believed that the sole purpose for which God gave sexuality was to have children. Therefore, he considered sexual relationships between a husband and wife to be permissible only for the purpose of having children. This perspective created a misconception in the early 20th century in churches that sex was impure. Due to this effect, in contemporary society, churches tend to avoid discussion about sexuality. Consequently, most churches shy away from addressing issues related to sex, and parents feel uncomfortable when their children ask about sex. Satan is taking advantage of this ignorance by attacking the next generation. The failure to address issues with sex in churches and homes has provided Satan with an easy weapon to destroy the next generation. In that sense, the key to sex education depends on who captures the hearts of our children first. If parents do not initiate sex education with their children, they will learn about sex eventually through other channels in the world. Parents must choose whether to give our children a chance to have their hearts shaped by a healthy biblical sex education so that they can push away the distorted values of the world or let our children be taken away by the promiscuous sexuality of this world.

'How can parents and the church provide biblical sex education to our next generation?' I had this concern and have been doing research on this issue for a long time. As I read numerous books on biblical sex education and values, I came to realize that biblical sex education is crucial for the next generation. I first started biblical sex education in 2012 and in 2016, I put my effort into establishing comprehensive training for the next generation through biblical sex education at Bethel Church in Irvine. Biblical sex education corrects distorted concepts of sexuality, restores the identity of children, and ultimately restores the foundation of their future families. Sex education is a return to basics rather than introducing new teachings. Since God created sex, questions about sex should always refer back to the Bible. We must remember that the reason we have to maintain purity is not just a matter of pregnancy or sexually transmitted diseases. Engaging in sex beyond the boundaries set by God is for momentary pleasure and it is taking advantage of each other and that ultimately leads to the destructive consequences of each other.

When God created man and woman, He established the framework of marriage for them to experience the joy of sex. God desired the intimacy of sex to be enjoyed within the lifelong satisfaction and happiness of marriage rather than providing temporary pleasure. It is necessary for a man and a woman to maintain purity and commit to each other wholeheartedly to experience the highest satisfaction in marriage. God commands His children to be holy and pure. God wants us to live in pursuit of holiness and purity as we are His children. Satan knows right away when we, God's children, lose holiness, meaning we lose our spiritual authority. On the contrary, Satan cannot do anything but fear us when we mobilize ourselves with holiness and purity.

Now, the parents and the church must collaborate to teach our children the correct biblical principles of family and sexuality. This book is designed to help parents and the church work together to clearly distinguish the differences between men and women and what the purpose of those differences are. God gave us the blessing and a command to expand and create our own families.

I hope and pray that through this book, the next generation will firmly stand on faith, building healthy and happy families, churches, and even societies. This book is not only for the experts but is designed for any church or family that wishes to teach biblical sex education to their children. After publishing "PURITY - Biblical Sex Education" in 2019, many things have rapidly changed since then. In order to provide sex education that is more accessible to the next generation, we have divided it and published them into editions for upper elementary students and Jr. high and High school students. May this book imprint biblical values in our children's hearts and train them to become godly men and women.

Above all, it will bring the greatest reward as we conclude the final chapter of our lives as parents, when we see our children discerning between good and evil based on the Word, living a life centered on the Scripture, fearing and passionately loving God.

Jinah Yi (President of Protect Next Generation)

# Introduction

Purity is a 6-week program designed to educate children on human sexuality from a biblical perspective.

Our children are exposed to various perverted sex education through sources such as YouTube, the Internet, TV, comics, and movies. In public schools, our children are taught unbiblical sex education.

Children must understand that God made men and women to have their own unique purposes, and it is a command and a blessing to be married and build a family. God gave parents and the church the responsibility of teaching children the biblical values of family.

Being a mother of two children and a Director of the Children's Ministry for 21 years, I have seen many children reborn in Christ but undergo worldly hardships caused by gender confusion. Through the Vow of Virtue, I sincerely hope that the next generation will be able to prosper in the Word of God and live a full life based on the biblical happiness of family, church, and society.

I pray that the children trained in Purity will grow to become godly men and godly women.

# Understanding Biblical Sex Education

Many parents are hesitant to discuss sexuality with their children. This is due to the fact that many of them did not receive any sex education when they were young and it makes them feel uncomfortable discussing this topic with their children. However, if parents do not provide sex education to their children, then media, friends, or some other sources will take on that role. Sex education is not about introducing something entirely new; rather, it is a return to basics.

In this sense, through five weeks of Biblical Sex Education, we believe that children will start a journey to learn the fundamental truths of the Bible, preparing them to build beautiful families. We are confident that through the five weeks of Biblical Sex Education, children will understand the four key principles of sex education.

Firstly, God gave the blessing and command to "be fruitful and multiply." The Bible explains the purpose of why God created men and women differently. God created men and women differently not to separate them, but to unite them. The Bible teaches that the essence of sexuality, as revealed in God's Word, is the oneness of the husband and wife, the preciousness of life, the beauty of a home and church, the extension of the Kingdom of God through the transmission of faith to the next generation, and the mystery of God's creation. We are designed to communicate with God and to desire relationships. Those who, through faith, experience oneness with God and oneness in marriage are considered among the happiest in the world.

Secondly, through the process of creating life, we can witness the greatness of God. The passage from Psalm 139:13-14 says: "For you formed my inward parts; you knitted me together in my mother's womb. I praise you, for I am fearfully and wonderfully made. Wonderful are your works; my soul knows it very well."

From the moment of conception in the mother's womb, God shows special interest and care for the unborn, as revealed through the Scriptures. Failing to consider the pre-born baby as a life created by God often comes from the belief that it is part of the mother's possession inside the body, rather than recognizing it as a distinct independent person. However, life begins not at birth but at the moment of conception. Nothing is added to the pre-born baby after conception; it simply undergoes a developmental process from that moment until its birth. Therefore, while not fully developed, the pre-born baby is already a complete human being.

Thirdly, a man of faith will encounter a mature and virtuous woman. A mature wife, a wise wife, a God-fearing wife, or a husband who loves his wife, the head of the household, a sacrificial husband, and a husband who builds the family through the Word—these qualities are not developed overnight. Training is necessary to raise children into godly women and godly men. Since we are born with sin, we tend to choose evil when faced with the choice between good and evil. Satan distorts and creates a distorted view of sexuality, leading our eyes and hearts towards chaotic sexual relationships, self-satisfying sexuality, and exciting sex. Therefore, to become a godly man or a godly woman, training is essential.

Training for holiness, training of the mind, training ourselves with the Word of God, training in honesty, training of tongue, training in seeking the Kingdom of God first, training in speaking wisely, training in cultivating true inner beauty, training in humility, and training in serving God—through these forms of training, our children will become wonderful men of faith and beautiful, virtuous women, creating a beautiful family.

Lastly, for a happy marriage, dating should be approached very carefully. Dating that pleases God involves sacrificing for each other, understanding, and being considerate. Through dating, faith should mature, and individuals should strive to become better people. It involves believing that our bodies are temples of God and engaging in disciplined, pure dating.

God created marriage to give us the best. However, Satan tempts us to settle for counterfeit pleasures like pornography, making us seek momentary excitement. While God is preparing and waiting to give us real, precious, jewel-like diamonds, Satan deceives us with fake diamonds. Much of the next generation are holding onto these fake diamonds without letting go. The reason for not letting go of these fake diamonds is the doubt about whether God truly has a real diamond and if it is genuinely better. It is also because people may think that God does not know how precious and joyful this fake diamond is to them.

Through this 6-week Biblical sex education course and the purity commitment ceremony, I hope it becomes a journey to find the real diamond that God has prepared. I hope that in the future, they may establish a home of faith and live a life that glorifies God, becoming a blessed generation.

## PROGRAM

### Program Age Group

Jr. High & High School students

### Groups

1 teacher and 2 students

Boys and Girls: Separate program sessions for boys and girls with some joint activities.

### Program Duration

5 training sessions. (1 per week)

Each session is approximately 2-2.5 hours.

Book discussions will take around an additional hour.

(A few chapters from one book per week)

The Purity ceremony will take place after the sessions.

### Book Discussio for Jr. High students

Sex & the New You For Boys (Concordia Publishing)

Sex & the New You: For Girls (Concordia Publishing)

### Book Discussio for High school students

Boys: Every Young Man's Battle (Stephen Arterburn)

Every Young Man's Battle Workbook

Girls: Every Young Woman's Battle (Shannon Ethridge)

Every Young Woman's Battle Workbook

## Registration Fee

The registration fee will depend on each church.

## Teacher Training

Starting two months in advance, prepare through prayer, and allocate about two hours of training time for each session (a total of 10 hours).

## Two Months Before the Program

As teacher training begins, start registering students who will participate.

## One Month Before the Program

Prepare materials for the 6-week course in advance.

Begin parent & student interviews (refer to Appendix 1&2).

## One Week Before the Program

Conduct a parent orientation (refer to Appendix 3).

For the first literature discussion, please announce to the students to read the following books

- Junior high students: "Sex & the New You," covering Chapter 1, 2, and 3;
- High school students: "Every Young Man's / Woman's Battle," covering Chapter 1 and 2.

## First Day of the Program (Welcome and Introduction)

On the first day, invite parents to introduce the groups of students and their teachers.

LESSON ONE

# In His Image: The Creation of Man and Woman

| | |
|---|---|
| Main Topics | 1. God created male and female in His image, and we are different from animals.<br>2. God created males and females separately.<br>3. God's purpose for sex in marriage. |
| Memory Verse | "So God created mankind in his own image, in the image of God he created them; male and female he created them." (Genesis 1:27) |

| Program | | Total Time (2hr 45min) | Note |
|---|---|---|---|
| Big Group | Greetings / Introduction | 10min | Each group leader and students will introduce each other |
| Small Group | "Getting-To-Know You" | 20min | Each group leader and students will ask each other |
| Big Group | Lecture In His Image: The Creation of Man and Woman | 25min | Instructor / Pastor |
| Boy/Girl small group | Small group Bible Study | 20min | Boys and girls will have separate discussions |
| Boy/Girl small group | Small Group Discussion | 15min | Boys and girls will have separate discussions |
| Big Group | Homework / Pray | 15min | Reminder of weekly homework |
| Boy/Girl small group Jr. High | Jr. High Book Discussion | 1hr | "Sex & the New You" for Boys<br>"Sex & the New You" for Girls |
| Boy/Girl small group High School | High School Book Discussion | 1hr | "Every Young Man's Battle"<br>"Every Young Woman's Battle" |

## Getting-to-Know-You

- What book, movie or show have you seen/read recently you would recommend? Why?
- If you could ask God to change one problem in the world today, what would you like him to change?
- If you could talk to any one person now living, who would it be and why?
- If you could have an endless supply of any food, what would you get?

- If you could go anywhere in the world, where would you go and why?
- If your house was burning down, what three objects would you try and why?
- Name one thing you really like about yourself.
- If you could choose to do anything for a day, what would it be?
- If you could only eat one meal for the rest of your life, what would it be?
- If you HAD to give up one of your senses(hearing, seeing, feeling, smelling, tasting)which would it be and why?
- If you were an animal, what would you be and why?
- What's the longest you've gone without sleep (and why)?
- Do you have a pet? If not, what sort of pet would you like?
- Name a gift you will never forget.
- What is the ideal dream job for you?
- What is the hardest thing you have ever done?
- What are your favorite hobbies?
- What is your biggest fear?
- What is the first thing that comes to mind when you think about God?
- What's the weirdest thing you've ever eaten?
- If you could ask God to change one problem in the world today, what would you like him to change?
- What are your pet peeves?
- Tell us about a unique or quirky habit of yours.
- Tell us the first memory of your life. Also, the most embarrassing memory.
- What is one goal you'd like to accomplish during your lifetime?

This is a time for students and teachers to get to know each other. You have to create an atmosphere in which you can freely ask and answer questions to each other to not feel awkward in sex education. You do not have to ask all the questions, but you can select the questions you want to ask according to the time.

NOTE)
**Have students recite the Memory Verse before the lesson starts. You can save time if the teachers check the Memory Verse in the beginning.**

## Lecture

"In His Image: The Creation of Man and Woman"

### 1. What is the difference between sex and gender?

When teaching sex education to children in schools, the underlying premise is that "we are just animals." It suggests, "Do whatever you want, do what feels right for you." On the contrary, the Bible establishes the basic premise that we are not animals, as we are created in the image of God. Therefore, the foundation of sex education is the understanding that we are beings created in the image of God, distinct from animals.
We bear the image of God, which implies a likeness to God, and from a child's perspective, it might lead to the thought, "So God must look like us." However, having the image of God does not mean that God has a physical body like ours. As stated in John 4:24, "God is spirit," so God does not possess a physical form.

Sex refers to the different reproductive body parts between males and females. Nowadays, the term "gender" is commonly used, and it is closer in meaning to the concept of "gender roles." Consequently, even if someone has a male body, they can refer to themselves as "female" if they identify as "female". The term "transgender" is used mainly to refer to those who underwent gender transition surgery in the past, but now it is also used for people whose bodies are male but identify themselves as female. Similarly, if someone has a female body but lives identifying as male and takes on male roles are also referred to as transgender.

Therefore, on International Travel Documents that used to indicate 'sex', the term is now 'gender'. This allows a male to indicate as a female and a female to indicate as a male. In elementary schools in the United States, the concept of 'gender-fluid' is being taught. It means that a person could identify as a woman in the morning, non-binary at lunch, and a lesbian in the evening.

It is important to teach students that Satan is using the concept of gender roles to tempt the next generation into sin. When God created us as either female or male, He had a purpose in mind. Just as Satan tempted Eve in the Garden of Eden, he continues to ask us the same questions today.

"Why did God decide your sex? Is the gender God gave you really authentic? It might not be. You should experiment to find out if you are a man or a woman. Test yourself! Your gender is something you decide. You are the owner of your body, and only you know your true self. That is why doctors and parents should not determine whether someone is a male or female at birth based solely on their reproductive organs," whispers Satan. It is crucial to teach students about the difference between sex and gender and why God created us as women and men.

**2. God created us in His own image. How are we different from animals?**

① We received the SPIRIT from God (Ecclesiastes 12:7). Animals only have flesh and NO spirit.

▷▷ People are spiritual beings, whereas animals, such as dogs, cats, and monkeys, do not have spirits. When a person dies, their spirit goes before God for judgment and will live eternally, but when an animal dies, that is the end for them.

As stated in the passage "Then the LORD God formed the man from the dust of the ground and breathed the breath of life into his nostrils, and the man became a living being"(Genesis 2:7), God created our bodies from dust and breathed His spirit into our nostrils. That is how we have a spirit.

It is worth noting that our bodies return to dust. "And the dust returns to the ground it came from, and the spirit returns to God who gave it" (Ecclesiastes 12:7). It is important to understand that we return to dust because we are created from dust. We can see that when a person dies, the body decomposes after a considerable amount of time passes and ultimately transforms into dust. Is it not amazing? We also need to reflect on the fact that we are spiritual beings. Why do we have spirits? Whether we are Christians or not, we always desire to believe in something spiritually because we are spiritual beings. The tendency of human nature to seek reliance on something, the spiritual thirst, has driven us to search for pagan gods since ancient times. There is no place where there is no religion. Whether believing in the Sun, the moon, or an animal, we try to relieve our psychological burdens by entrusting them to something because of our spiritual nature.

When we meet God, our spiritual thirst is quenched. We can lead a happy life because we are fulfilled and completely satisfied. Attending church on Sundays in a routine manner is not sufficient but rather meeting God personally is. We need to teach the students the importance of our spiritual needs.

② We can COMMUNICATE with God (Jeremiah 29:12). We can communicate with God through prayers because we are spiritual beings.

▷▷ The significant difference between us and animals is that we are social beings. Therefore, we constantly desire to socialize with others. In the Garden of Eden, all the animals had their pairs, male and female, but Adam was alone. So God created Eve because He knew Adam needed fellowship.

There are two types of fellowship; one between people, and another between a person and God. We can only be completely satisfied when both types of fellowship are fulfilled. As mentioned earlier, we are spiritual beings and we can communicate with God through prayer. Animals cannot do this. Only people can communicate and have fellowship with God. We are spiritual beings and designed to have fellowship with God.

③ We have FREE WILL(Matthew 22:37). We are not robots, so we can choose to love God.

▷▷ God created us as rational and logical beings. We have free will. We invent machines, create art and music, and solve mathematical problems, etc. These are evidence of how we are rational beings with free will. However, animals do not have free will, simply acting by their instinct. There is no desire to persistently create or achieve goals. Furthermore, we have moral values because of our free will. Laws have been created to judge our sinful actions but because the laws are not perfect, they can always change. Even if someone is not a Christian, they have a sense of discerning good from evil. For example, if a non-Christian hears the news that a baby has been brutally murdered , they feel anger. People have a sense of guilt and conscience because God has given them to us.

This is also evidence that we have been created in God's image. Since Adam's original sin, he lost his holiness and was left with the near absence of righteousness, yet, a glimpse of it remains. That is precisely what our free will and conscience are.

"Jesus replied: 'Love the Lord your God with all your heart and with all your soul and with all your mind'" (Matthew 22:37). As the verse states, we need to use our free will to love God. Loving God never comes naturally. We must use our free will to deliberately seek and desire to communicate with God. This means we are capable of not loving God, cursing God, and even opposing God. The result of those actions may lead to forfeiting the privilege of being God's children. We are the only beings with free will, making us distinct from animals.

④ We are created for His PURPOSE (Psalm 57:2). We are not living meaningless lives but living with the purpose that God has given us.

▷▷ God created us and gave us a purpose to live. However, animals live by their instincts and die without knowing the purpose of their existence. "I cry out to God Most High, to God who fulfills his purpose for me" (Psalm 57:2). In other words, God has a purpose for our existence and He fulfills them through us. We need to cry out to God to help us achieve the purpose He has given us.

It is pitiful to live a life for good food, accumulating wealth, owning luxury cars, attending Ivy League schools, and having a nice house. We would be no different from animals if we only lived for our desires and comfort. We cannot be satisfied through those pursuits only. We must search for our purpose given by God. Happiness comes when we live with a sense of mission for the purpose God has given us. Therefore, when we recognize the purpose given by God, we come to an understanding of why the talents, personalities, time, and environments that surround us are given to us. And we truly come to live happily when we use them for His purpose. In other words, living not just to get by in this world but realizing God's purpose and living for that purpose brings the greatest happiness.

When we understand why God created us, we come to know why we were born into our family and in this country, why we study, why we need to read books, why we need to exercise for our health, why we need to read the Bible, and why we worship God at church. A person with no purpose lives without much thought. Therefore, it is important to teach students the importance of knowing their purpose.

For reference, the answer to the first question in the Westminster Shorter Catechism, "What is the chief end of man?" is "To glorify God and enjoy Him forever". This reveals to us God's purpose of creating us. Students who ponder upon how they can bring glory to God, and how to please God are truly blessed.

⑤ We are ETERNAL beings (John 3:16). If we believe in Jesus, we will live in Heaven forever.

▷▷ God has created us to be eternal beings which means we live eternally. Animals without souls die and that is the termination of their existence but we face judgment before God after death. When we believe Jesus died on the cross for us and rose again, we are saved with eternal life in heaven. It is such a blessing but a fearful thing at the same time because it is a choice between living eternally with God or in hell.

## Small group Bible Study

Read Genesis 1:24- 2:26 for questions

### 1. In verses 26-27, in whose image were we created?

God created us in His own image.

▷▷ God created us in his image. It does not mean we are the same as Him but we reflect his likeness. God's intellectual abilities like inventing machines, constructing buildings, and creating music show God's intellectual capabilities. When Adam and Eve were created in pureness and righteousness, they reflected God's holiness. After sin came into the world, God's image has been damaged but our sense of conscience and moral values are the remnants of God's holiness. We still carry God's image but it has been damaged because of our sin.

### 2. From verses 28-29, what did God command us to do?

"Be fruitful and multiply and fill the earth."

### 3. What is the meaning of the command to "be fruitful and multiply and fill the earth"?

God commanded us to create our own families that He will bless.

God wants us to please Him by having many children and creating beautiful families. He wants us to pass down a life of worshiping and glorifying Him through many generations and enjoy all His creation.

NOTE)

Each person is valuable and unique, created by God in His image as a male or female. Our DNA is like a special blueprint designed by our Creator that clearly shows His handiwork. But nowadays, medical professionals and activists are trying to convince people that they can change their gender however they want, which is a huge life-altering lie.

**4. Who designed marriage?** (Gen. 2:18, 24)

GOD.

▷▷ Marriage is not a system created by the government but God instituted marriage from the very beginning. He established a family even before the church, and a family is the smallest unit of the church. When a family is founded upon a solid rock, a healthy church can exist and so can a healthy society.

**5. What did God say after He created male and female?** (verse 31)

HE SAID, "It was very good."

▷▷ God said this after making a perfect world for people to live in and making Adam and Eve. God was very pleased to think how Adam and Eve would enjoy being happy living in the world that God created for them. Their existence was to receive overflowing love from God and God would be delighted to see Adam and Eve express their love back to Him.

**6. Why did God create sex? God made males and females with separate reproductive systems. What do you think was His purpose?**

Read the following Bible verses, and find the three reasons for sex:

① "Procreation" (Genesis 1:28)

▷▷ Be fruitful and increase in number.
Genesis 1:28 says, "Be fruitful and multiply." This is a command

from God. 'Be fruitful' means to bear fruit, and 'multiply' means to increase gradually. God commanded us to multiply in numbers and create our own families that He will bless. God made men and women so that they may continue to bear children who have the image of God and increase in numbers.

② "Unity" (Genesis 2:24-25)

▷▷ Unity means that men and women become one spiritually, physically, and mentally. God created humans to have a natural desire for relationships with each other. He designed males to be strongly attracted to females and females to males. Marriage is the only context that God gave us to fulfill that desire. Genesis 2:24 states, "Therefore a man shall leave his father and his mother and hold fast to his wife, and they shall become one flesh." A husband and wife experience intimate unity and this unity helps understand being in unity with God.

Another reason for being united in oneness is to understand the union between Jesus, the groom, and us, the bride. We come to understand through experiencing how much Jesus loves the church, and wants to be one with us. The phrase 'I in you, and you in me' reflects the analogy of the vine and its branches. Just like that analogy, we can experience true joy when we unite in oneness with Jesus intimately just like how we unite in oneness as a husband and wife.

③ "Recreation" (Proverbs 5:18-19)

▷▷ Marriage life is fun. The process of having a baby is fun and enjoyable. The passage above talks about a husband being satisfied by

**Why did God create us as male and female?**

God is perfect, as He has both masculine traits as well as feminine traits. God possesses two contrasting characteristics in harmony, such as righteousness and mercy, strength and beauty, and nurturing and protection. Likewise, God is a perfect being who possesses both masculinity and femininity simultaneously.
When God created the world, He did not give His everything to one single entity called humans. God did not create humans to be perfect and just like Him because we are creatures, not the creator. God divided His completeness among His created beings, man and woman. Thus, when a man and a woman, each possessing God's masculinity and femininity, come together as one, just like when God's created beings, Adam and Eve, came together in unity, their union represents God's perfection.

the body of his wife. God has provided many ways for a husband and a wife to live in unity. Through living in one household, men and women are able to communicate and express their love towards each other in different ways. The natural attraction God designed in the hearts of males and females can be fulfilled by marriage.

## Discussion

**1. God created man and woman and commanded them to be fruitful and multiply. With sin entering the world, we started to think negatively about marriage and having children. Let us discuss why some people think negatively about marriage and having children.**

▷▷ Discuss with each other. Families are under attack today like never before. Seven out of ten young Koreans in their 20s perceive marriage negatively.[5]

Satan whispers to us that marriage is a constraining system, so avoid getting married and simply enjoy life. Some believe a sexual relationship itself is wicked and impure, so they choose not to get married. Having a baby adds more responsibility and as a woman, you need to give up your dreams so some may believe it is better to avoid having children. Our family values and perspectives on life have been destroyed due to all the negative experiences within families and secular humanism.

Advertisements have appeared in Vancouver, Canada, sponsored by the group One Planet, One Child, well known for its anti-Christian stance. It says "What is the best gift you can give to your first child?" and the answer is "Not having another child." It promotes having no children. This world is trying to undermine the dignity of life through abortion and we need to see its hidden intention.[6]

**2. As Christians, how should we perceive marriage and pregnancy?**

▷▷ Let us discuss. From the beginning, God planned to bless a man and a woman to trust and unite spiritually, mentally, and physically through marriage. Through marriage, a man and a woman share a relationship in which no one can part. God loved us so much that he gave us the best gift, which is marriage. He desires that we live a life of gratitude, cherishing and enjoying this gift. He called our children "a heritage from the Lord, the fruit of the womb and reward." (Psalm 127:3) Children are a precious blessing from God. He wants us to multiply, live joyfully, glorify Him, and become a blessing to all nations.

## Book Discussion

**Jr. High**

**Boys** "Sex & the New You" for boys (Concordia Publishing House)

Ch. 1 You've Heard and You've Wondered

Ch. 2 You're a Special Young Man!

Ch. 3 Sex is More Than Body Parts

**Girls** "Sex & the New You" for girls (Concordia Publishing House)

Ch. 1 You've Heard and You've Wondered

Ch. 2 You're a Special Young Woman!

Ch. 3 Sex is More Than Body Parts

* Provide "Critical Thinking Questions" for each chapter. "Critical Thinking Questions" will help to lead the book discussion. Remember, listening to the students opinion is more important than the answer to the questions. Sometimes, it is a good idea to throw open-ended questions to the student.

**High School**

**Boys** "Every young man's battle" by Stephen Arterburn

Part I Where Are We?

Part II How We Got Here

**Girls** " Every young woman's battle" by Shannon Ethridge & Stephen Arterburn

Part I Understanding Our Battle

Part II Avoiding Self-Destruction

* Book discussion can be optional, however, it is strongly encouraged. Students must read the book in advance for the book discussion. There is a workbook for "Every Young Man's Battle" and "Every Young Woman's Battle" (Water Brook Press). The workbook will be very helpful to lead the discussion sessions.

## LESSON ONE HOMEWORK

1. **Read "Sex & the New You" for Jr. High students and "Every Young Man's / Woman's Battle" for High School students by next week's book discussion.**

2. **Remember to watch the movie *Courageous* with your family. Then write your response on the given review sheet and turn it in NEXT WEEK.**

LESSON TWO

# Wonderfully and Fearfully Made: The Wonder of Our Creation

**Main Topics**

1. God made us wonderfully by giving us a spirit.
2. God made us so that we can communicate with Him.
3. God planned our future when each of us was a single cell in the womb.

**Memory Verse**

"I praise you because I am fearfully and wonderfully made; your works are wonderful, I know that full well." (Psalm 139:14)

Pre-born baby model

## Supplies

To show the development of a pre-born baby: poppy seeds, kidney beans, carrots, cauliflowers, coconuts, honeydew melons, pumpkins/watermelons

One pre-born baby model (12-week unborn baby) per student: you can purchase it from this link.

Stationery for each students for "Letter to Mom"

| Program | | Total Time (3hr) | Note |
|---|---|---|---|
| Small Group | Sharing Time | 10min | Movie *Courageous* |
| Big Group | Movie Time | 15min | Search Youtube, "Stages of Fetal Development" |
| Big Group | Lecture "Wonderfully and Fearfully Made: The Wonder of Our Creation" | 30min | Instructor/Pastor |
| Small Group / Big Group | "Think Deeper" Debate | 20min | Group leaders or two leaders |
| Big Group | Learning About Pregnancy Symptoms | 15min | Fish sauce |
| Small Group | Letter to Mom | 15min | Stationery for each student<br>Soft music |
| Big Group | Homework / Pray | 15min | Reminder of weekly homework |
| Boy/Girl small group<br>Jr. High | Jr. High Book Discussion | 1hr | "Sex & the New You" for Boys<br>"Sex & the New You" for Girls |
| Boy/Girl small group<br>High School | High School Book Discussion | 1hr | "Every Young Man's Battle"<br>"Every Young Woman's Battle" |

## Sharing Time

Students Should share what they learned about the movie *Courageous* in their small groups.

Ask students, 'When does life begin? When does human life start?' Most children will likely answer that life begins when a baby is born. However, the Bible states that life begins at the moment of conception. We need to correct the children's perception.

## Movie Time: Amazing Pre-born Baby Development

Ask students, 'When does life begin? When does human life start?' Most children will likely answer that life begins when a baby is born. However, the Bible states that life begins at the moment of conception. We need to correct the children's perception.

**Movie Time: Amazing Pre-born Baby Development**

Please choose one.

Search YouTube for "Stages of Fetal Development", or

you can purchase the full version so that the students can watch it separately.

DVD: The Biology of Prenatal Development - ASIN: B0015DK43Y (50 min) – This DVD can also be watched as a homework assignment.

NOTE)

**Have students recite the Memory Verse before the lesson starts. You can save time if the teachers check the Memory Verse in the beginning.**

## Lecture

"Wonderfully and Fearfully Made: The Wonder of Our Creation"

### Supplies

To show the development of a pre-born baby: poppy seeds, kidney beans, carrots, cauliflowers, coconuts, honeydew melons, pumpkins/watermelons, One pre-born baby model (12-week unborn baby) per student

## Pre-born baby development by week

God said He knew Jeremiah even before he was formed in the womb (Jeremiah 1:5). He set him apart to be a prophet to the nations before he came forth from the womb. This means God knew Jeremiah even before his birth. Then how precious does God think of a pre-born baby? John the Baptist, prophesied by the prophet Malachi 400 years before his birth, is another example. God has profound interest and concern for each and every one of us.

4th week: The pre-born baby is as small as a poppy seed. At this stage, it is divided into two layers and it is barely visible. However, the development of internal organs and the determination of which parts will become skeletons are underway.

**5th week:** It becomes the size of a sesame seed. At this point, it is divided into three layers. For instance, one layer includes the liver, bladder, pancreas, and lungs; another layer includes muscles, the heart, kidneys, lymph, and blood. The last layer includes a head, skin, nails, eyes, nose, ears, brain, and more. It is still very tiny but it has all the necessary information and is getting ready to form and develop. An umbilical cord begins to form.

**8th week:** The pre-born baby becomes the size of a kidney bean. Let the students touch the kidney beans. This week, the pre-born baby starts to develop eyelids and a respiratory system. The hands grow longer to get closer to the heart and the knees start to develop. If the baby is a boy, his penis will begin to form at around the 9th week.

**14th week:** The pre-born baby becomes the size of a lemon. Let the students touch the lemons. During this stage, fingerprints start to develop. If the pre-born baby is female, the ovaries with eggs start to form. About 2 million eggs get ovulated during a woman's lifetime. The size of the pre-born baby's head is about one-third of its body.

**21st week:** The pre-born baby becomes the size of a carrot. Around the 20th week, the pre-born baby starts to listen, so the pre-born baby can hear when a mom reads books or the Bible and prays. This is around the time that the eyebrows start to form.

**27th week:** The pre-born baby becomes the size of a cauliflower. Around this time, the head begins to grow and the pre-born baby starts to breathe through its mouth. It is not actually breathing yet. The pre-born baby breathes through the umbilical cord but it is practicing breathing through the mouth to prepare its lungs. So after birth, the pre-born baby is ready to breathe outside the mother's womb. Around this stage, the pre-born baby is sensitive to sounds, reacting by kicking and moving. Luke 1:41-43 says when Mary, the mother of Jesus, visited Elizabeth, the mother of John the Baptist, John leaped for joy in Elizabeth's womb upon hearing Mary's greeting. We can see that babies experience emotions, such as joy, and have a sense of his/her will. By the 27th week, the pre-born baby has a routine schedule of sleeping at night and waking up in the morning.

**31st week:** The pre-born baby becomes the size of a coconut. The pre-born baby can turn his/her head, arms, and legs. Around this time, the pre-born baby has a lot of movements.

1st month

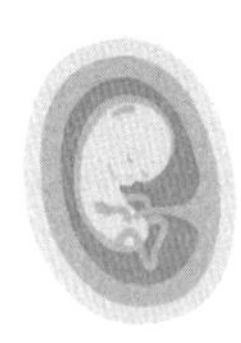
2nd month

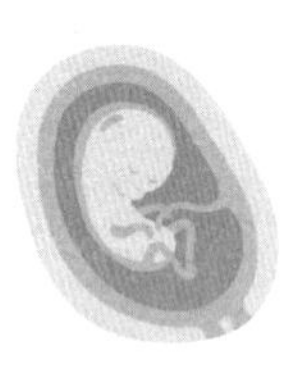
3rd month

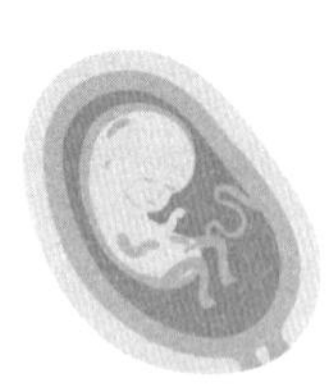
4th month

5th month

**35th week:** The pre-born baby becomes the size of a honeydew melon. Most basic physical development is now almost complete.

**40th week:** It becomes the size of a watermelon. The baby's head is covered with hair and the head is positioned downward in preparation for birth. If the baby's head does not position downward, it can pose a significant risk during childbirth. It is a remarkable and wondrous event that the baby knows the birth is coming soon and it changes its body position.

NOTE)
Unlike some people today who believe that the baby inside a mother's womb is just a blob of tissue that can be thrown away whenever they want, the writers of the Bible saw the unborn baby as a real child in every way - just like a newborn baby. So, it's not just a bunch of cells but an actual child growing in the mother's womb.

## "Think Deeper" Debate

### 1. Do you think a baby in the womb has a spirit?

Yes

"For you created my inmost being; you knit me together in my mother's womb." (Psalm 139:13)

"Before I formed you in the womb I knew you, before you were born I set you apart; I appointed you as a prophet to the nations." (Jeremiah 1:5)

"You clothed me with skin and flesh, and knit me together with bones and sinews. You have granted me life and steadfast love." (Job 10:11-12)

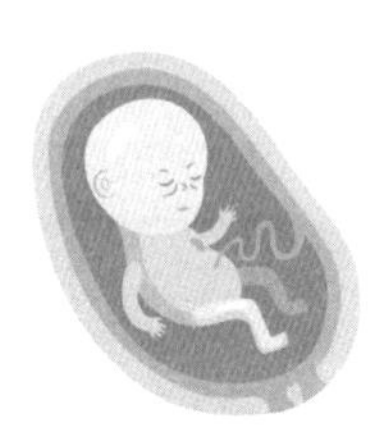

6th month

7th month

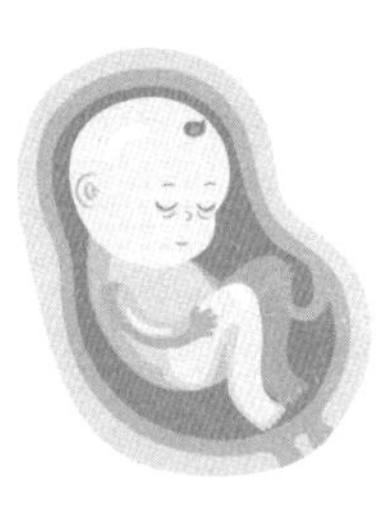

8th month

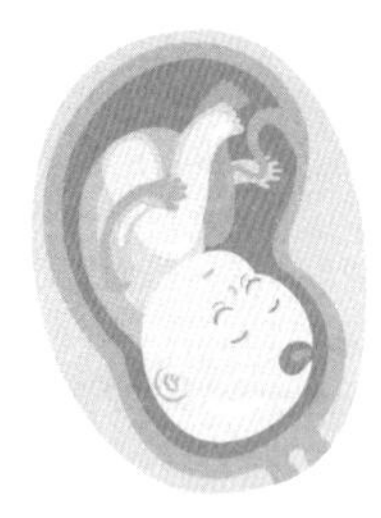

9th month

God knew us even before we were made into an embryo. He knew us from the time we were in the womb and had a wonderful plan for us.

**2. If a 3-week-old baby dies in the mother's womb, would the baby go to heaven or hell?**

Option #1 The baby goes to hell because he/she did not repent his/her sins and did not accept Jesus as his/her Savior. (Acts 4:12, 16:30-31, John 14:6)

Option #2 Babies in the womb cannot act or make decisions. They do not have the choice to act. We believe that God would save those babies not by their innocence but by His grace.

"And the little ones that you said would be taken captive, your children who do not yet know good from bad—they will enter the land. I will give it to them and they will take possession of it." (Deuteronomy 1:39) - God was angry with the people and vowed that none of their generation would enter the Promised Land, except for Caleb, Joshua, and their children.

> "Let the little children come to me, and do not hinder them, for the kingdom of God belongs to such as these." (Mark 10:14)
> "King David, after having lost his infant child, said "He cannot come to me, but I can go to him." (2 Samuel 12:23)
> "But because of his great love for us, God, who is rich in mercy, made us alive with Christ even when we were dead in transgressions—it is by grace you have been saved." (Ephesians 2:4-5)

Some students believe that if a pre-born baby dies, it goes to hell because it never had the chance to accept Jesus. Other students may believe that because the pre-born baby never sinned, it would go to heaven. Through this process, they will realize how ignorant they are of God's word. By having discussions, they will understand God's heart for the pre-born baby in the womb.

There is no specific Bible verse that explicitly states that a pre-born baby goes to heaven if the pre-born baby dies. However, Jesus mentioned that unless people become like innocent children, they cannot enter the kingdom of heaven (Mark 10:14). Additionally, when David committed adultery with Bathsheba, God took their child away (2 Samuel 12:22). David wept and confessed, "I will go to him, but he will not return to me" (2 Samuel 12:23). Despite the likelihood that his son did not have the opportunity to believe in God, David clearly expresses the belief that his son is gone to be with God.

In response, you might ask, "Then because babies in the womb do not have original sin, do they go to heaven?" However, that is not true. Everyone has original sin including an unborn pre-born baby. It is believed that salvation comes not from what the pre-born baby does or does not do but through God's grace. God is fair, just, and loving. It is not likely that such a loving God would tell a pre-born baby to go to hell because it did not believe in Him. Instead, I hope and believe that God would be gracious enough to redeem the babies.

### 3. Is abortion a woman's right?

Many consider abortion to be an extremely challenging issue. However, the difficulty comes not from the act of abortion itself, but from the social problems surrounding it. Abortion involves killing a pre-born baby, which is considered a form of life. The controversy often revolves around determining at what stage of pre-born baby development is considered to be life.

Is a pre-born baby at 4-5 weeks considered a life or simply a blob of tissue in the mother's organ? The pre-born baby in the mother's womb is not a part of the mother's organ; it is a completely distinct being with its own life and personality. In 1973, the United States first legalized abortion. Even if human-made laws legalized abortion, it does not mean it is morally right. Laws regarding abortion vary by state in the United States. For example, in New York, an abortion can be allowed up until one minute before natural birth (2019, Reproductive Health Act). In Korea, abortion is illegal unless risks exist related to the mother's life, physical or mental health, sexual assault, or pre-born baby defects. Ironically, Korea has a lot of illegal abortions being performed without restrictions. According to the Gallup poll, an estimated 1.5 million abortions occurred annually in Korea in 1994.

Korea currently has the highest abortion rate proportionate to its population. Many argue that abortion is a woman's right. However, it is an issue of killing or preserving a baby that has God's image rather than arguing over whether it is women's rights or not. It is essential to view the issue correctly. We should always turn to the word of God, as it speaks to us with no mistakes. The pre-born baby is in the womb is a person created in the image of God. The decision to end or preserve the life of a baby is not within our authority but rests with God. It's important to teach our children that it is wrong for us to decide.

The Bible shows that even in the old covenant, the unborn baby was seen as valuable. If a pregnant woman was hurt during a fight and lost her baby as a result, the person responsible was given the death penalty because the baby's life was considered the same as an adult's (Exodus 21:22-25). This shows that God considered unborn babies as fully grown people, long before 21st-century modern medicine.

## Learning About Pregnancy Symptoms

**PREGNANCY SYMPTOMS**

| | |
|---|---|
| 1st month | Fatigue, frequent urination, fever |
| 2nd month | Heartburn, indigestion, breast sensitivity |
| 3rd month | Dizziness, stretch marks, nausea |
| 4th month | Increase in hunger/cravings, weight gain |
| 5th month | Bloating, constipation |
| 6th month | Back pain, swelling of hands and feet |
| 7th month | Cramping in feet and legs |
| 8th month | Shortness of breath, trouble sleeping |

One of the leaders, preferably one with children, comes forward to tell the symptoms of pregnancy. They pour a small cup of fish sauce (Kanari Aekjeot) and ask each child to smell it (explaining that when pregnant, opening the fridge might bring a smell similar to fish sauce). During pregnancy, many women experience symptoms like stomach discomfort, loss of appetite, and the feeling of nausea, especially when the stomach is empty. They might have enjoyed cold noodles today but could feel nauseous at the smell of cold noodles the next day. Pregnant women have different experiences.

## Letter to Mom

Supplies: Stationery for each student

- Leaders will have the students write a personal thank-you letter to their moms.

- Leaders will have the students reflect on how their moms cared for them during pregnancy and after their birth.

## Book Discussion

### Jr. High

**Boys** "Sex & the New You" for boys (Concordia Publishing House)

Ch. 4 Men and Women are Different, Aren't They?

Ch. 5 Is Sex a Secret?

Ch. 6 You're Changing into a New You

**Girls** "Sex & the New You" for girls (Concordia Publishing House)

Ch. 4 Men and Women are Different, Aren't They?

Ch. 5 Is Sex a Secret?

Ch. 6 You're Changing into a New You

* Provide "Critical Thinking Questions" for each chapter. "Critical Thinking Questions" will help to lead the book discussion. Remember, listening to the students opinion is more important than the answer to the questions. Sometimes, it is a good idea to throw open-ended questions to the student.

### High School

**Boys** "Every Young Man's Battle" by Stephen Arterburn

Part III Choosing Authentic Manhood

Part IV Masturbation

**Girls** "Every Young Woman's Battle" by Shannon Ethridge & Stephen Arterburn

Part III Avoiding the Destruction of Others

Part IV Guarding Your Mind

* Book discussion can be optional, however, it is strongly encouraged. Students must read the book in advance for the book discussion. There is a workbook for "Every Young Man's Battle" and "Every Young Woman's Battle" (Water Brook Press). The workbook will be very helpful to lead the discussion sessions.

## LESSON TWO HOMEWORK

1. Type "5 Love Language Test" on Google and take the test online. Find out what your own love language is and what your parents' love languages are as well (required for Lesson 3)

5 Love Language Test ▸

2. Read "Sex & the New You" for Jr. High students and "Every Young Man's / Woman's Battle" for High School students by next week's book discussion.

3. Remember to watch the movie *Fireproof* with your family. Then write your response on the given review sheet and turn it in NEXT WEEK.

LESSON THREE

# Cultivating Virtue:
# The Path to Godliness for Men and Women

| | |
|---|---|
| Main Topics | 1. We need training to become godly men and women.<br>2. Godly man meets godly woman.<br>3. Godly woman meets godly man.<br>4. The benefits and dangers of sex. |
| Memory Verse | **Boys**<br>"Be on your guard; stand firm in the faith; be courageous; be strong. Do everything in love." (1 Corinthians 16:13-14)<br>**Girls**<br>"Charm is deceptive, and beauty is fleeting; but a woman who fears the LORD is to be praised." (Proverbs 31:30) |

| Program | | Total Time (3hr) | Note |
|---|---|---|---|
| Small Group | Sharing Time | 10min | Movie *Fireproof* |
| Big Group | The 5 Love Languages | 30min | Instructor/pastor |
| Small Group | A gift of Love | 15min | Group leaders<br>Gift from Parents |
| Big Group | Lecture "Cultivating Virtue: The Path to Godliness for Men and Women" | 30min | Instructor/pastor |
| Big Group | Homework / Pray | 15min | Reminder of weekly homework |
| Boy/Girl small group Jr. High | Jr. High Book Discussion | 1hr | "Sex & the New You" for Boys<br>"Sex & the New You" for Girls |
| Boy/Girl small group High School | High School Book Discussion | 1hr | "Every Young Man's Battle"<br>"Every Young Woman's Battle" |

- The foot washing ceremony is optional, and leadership at the church makes the decision.

## Sharing Time

Students Should share what they learned about the movie *Fireproof* in their small groups.

## Who are godly men and women?

The nature of God includes holiness, mercy, love, forgiveness, honesty, wisdom, protection, equality, faithfulness, and countless other qualities. When God, possessing perfect qualities, created man and woman, He did not give them all these attributes. Instead, He distributed masculinity and femininity to men and women, each possessing its own characteristics. When a man and a woman unite, they can experience the completeness of God; however, when sin enters, it damages the image of God in them.

Therefore, through our faith in Jesus Christ, we should gradually learn about the perfect nature of God and go through the process of sanctification. We cannot be completely transformed into perfection because of our sins, but it is crucial to teach our students that, through faith in Jesus, we need to try to resemble the characters of God.

Then what kind of a person is a godly man and a woman? To be such a person, how should you get trained? The reason for using the word 'training' here is to tell students that to become a godly man and a woman, training is necessary. You don't transform into a godly man or a woman overnight when you turn twenty years old. Even with age and a long history of attending church, you can still become a selfish, arrogant, and immature person. Therefore, training is essential.

Teach students to hope to become a man of God's character and a woman of faith. Instruct them to pray to God, asking to meet such a partner. God's children need to manage and develop the talents, time, and health given by God so that they can be used for God's purpose. If we live by our own desires, then we cannot be a godly man and a woman. Even though we are Christians, if we lived a life of our own desires, we would face God's judgment for what we did. A woman who meets an untrained man is likely to be unhappy, and likewise, a man who meets an untrained woman is also likely to be unhappy.

## The 5 Love Languages*

NOTE)
The teacher in charge of this sequence may find it more effective to first read 'The 5 Love Languages for Teenagers' by Gary Chapman, guiding the students through the lesson to help them understand their love languages.

*This content is created based on Gary Chapman's *'The Five Love Languages'*.

5 Love Language Test ▸

Communication is an important aspect when it comes to dating. If you are going on a date, you should learn and make an effort to communicate in the love language of your partner, not just your own. Loving someone means considering the other person, and showing consideration is what makes them feel they are loved by you. If you express love only in your own way, using your own love language, the other person may not feel loved. Not understanding the love language and expressing love can lead to obsession, making it more difficult for the other person. Gary Chapman divides the types of love into five categories in "The Five Love Languages": Words of Affirmation, Quality Time, Receiving Gifts, Acts of Service, and Physical Touch. If you know each other's love language and express love in each other's language, it can reduce conflicts in dating and, further, in married life. You can understand and respect the differences of the other person rather than living centered around yourself. God is love, and Jesus commands us to love God and our neighbors. He said that the world will recognize whether we are true Christians or not by seeing how we love each other.

- Let's explore the five types of love languages and try to guess our own love language. Discuss with your groups what you usually enjoy and the behaviors you appreciate. Encourage each other to share, and make educated guesses about your own love languages.

Before you start the love languages, have students take the profile quiz to determine what type of love language fits them the best. They can also print the quiz and take it on paper.

Search on Google: "your love language profile quiz"

What are the 5 love languages?

1. Words of Affirmation – give or receive compliments or words of encouragement
2. Quality Time – spend time together
3. Gifts – give or receive any gift
4. Acts of Service – serve or be served
5. Physical Touch – shake hands, hug, etc.

## Applying the Love Languages

### 1. What is my love language? Write down two.

Answers may vary. Everyone has different love languages, and no love language is superior to the others.

### 2. What do you think are the top two love languages of your mother?

Answers may vary. Guess the love languages of your mother by the way she shows you love.

▷▷ Many children fail to feel their parents' love deeply because their love languages are different. During this time, parents can explore how they express their love to their children using different love languages, providing an opportunity for children to understand the expressions of love from their parents.

**3. What do you think are the top two love languages of your father?**

Answers may vary. Guess the love languages of your father by the way he shows you love.

▷▷ Many children fail to feel their parents' love deeply because their love languages are different. During this time, parents can explore how they express their love to their children using different love languages, providing an opportunity for children to understand the expressions of love from their parents.

**4. Discuss how you would express your love to your parents according to their love languages.**

Answers may vary.

Likewise, children may also struggle to express their love to their parents. In many cases, they may assume that their parents understand their love. It is important for children to learn to express their love language to their parents through words and actions.

5. **Discuss a time when you felt unloved by your parents because they were using their own love languages.**

Answers may vary.

Take time to discuss the possibility that children might not have felt their parents' love because the parents used their own love language.

* It is incredibly unfortunate for a husband and wife if they don't know each other's love languages. Similarly, if parents do not know their children's love languages, the children may be very unhappy. Through this time, discovering each other's love languages between parents and children opens the path to communication, which is an integral part of healthy sex education.
* If time allows, it would be beneficial to have a family foot-washing ceremony after learning about love languages. Having a time where parents pray for their children and children pray for their parents can be meaningful.

## A Gift of Love (Gift from Parents)

In a separate setting for girls and boys, encourage students to open gifts secretly prepared by their parents. Introduce the gifts as expressions of love from someone who cares deeply for them and have everyone check their gifts together. Each group leader should instruct the students on how to use the gifts and their purposes. (Parents should prepare the gifts for their children in advance and hand them to the leaders without telling their children during the first week.)

### Gift from Parents

**Girls** Inside the pouch (2 organic pads, wipes, underwear), perfume, and a letter to daughter.

**Boys** Deodorant, shaving cream, shaver or Electronic shaver/razor, room spray, jump rope, and a letter to son

## Lecture

NOTE)
Have students recite the Memory Verse before the lesson starts. You can save time if the teachers check the Memory Verse in the beginning.

The boys and girls study together

"Training to Become A Godly Man"

### 1. Training for Holiness

#### Bible References

"It is God's will that you should be sanctified: that you should avoid sexual immorality; that each of you should learn to control your own body in a way that is holy and honorable, not in passionate lust like the pagans, who do not know God; and that in this matter no one should wrong or take advantage of a brother or sister. The Lord will punish all those who commit such sins, as we told you and warned you before. For God did not call us to be impure, but to live a holy life."
(1 Thessalonians 4:3-7)

The characteristics presented in the training of becoming a godly man and a woman are virtues that are necessary for both men and women. Let boys check the characteristics listed and assess what they may be lacking.

#### Training

You are called to be sons of God; therefore, should not live in worldly ways. Live a life that has a purpose by training for holiness, which makes us powerful.

▷▷ Holiness is the most powerful weapon to fight against sin. Holiness is being set apart, not falling into the sins of the world, and not putting ourselves among the sins of the world. While we cannot be free of committing sins, we can at least try. As we continue to try to correct our habit of committing recurring sins, we can draw closer to God's holiness. The training in holiness can be training to resist temptations.

Joseph was able to resist the temptation of Potiphar's wife because he had faith that God was always watching over him. This was the practice of holiness that Joseph reminded himself of. For instance, if, while surfing the internet, you encounter inappropriate content or information, you should immediately close the computer and leave that place. That is the training in holiness. In such moments, you should be trained to leave the place and communicate with your parents. If Joseph had attempted to engage in conversation with Potiphar's wife instead of swiftly leaving when tempted, he would undoubtedly have fallen into temptation. However, because he was trained in holiness, he fled the scene immediately.

When we face temptations, we need to practice fleeing from the scene. We are destined to fall into temptations if we explore with curiosity. Therefore, holiness needs to be trained. Reading 1 Thessalonians 4:3-7 tells us that God has called us to be holy.

When dating, it is important to examine whether the person is someone who can resist the temptation of sin and who lives a holy lifestyle. You cannot practice a holy lifestyle in seclusion away from the world. Living in the world and demonstrating its influence is what truly defines a holy lifestyle. The ability to live a holy lifestyle is refusing to compromise with the sins of the world, that is genuine holiness.

## 2. Training of the Mind

### Bible References

Above all else, guard your heart, for everything you do flows from it.

(Proverbs 4:23)

"Do not conform to the pattern of this world, but be transformed by the renewing of your mind. Then you will be able to test and approve what God's will is—his good, pleasing and perfect will." (Romans 12:2)

### Training

What we see and hear influences our mind, language, behavior, and character. Satan understands that to control our hearts, he needs to control what we see and hear.

▷▷ If we see inappropriate images (underwear photos, nude pictures, etc.) accidently and forget about them, it may not be a sin. However, if we continue to dwell on those thoughts, allowing them to linger in our minds, it becomes a sin.

We need to train to constantly examine our minds. It is not possible to understand God's will and live accordingly if our minds are filled with video games and webtoons. Satan wants our eyes and ears to be the passageways from the media to our minds so we become filled with the values of the world to be self-centered and violent. To drive out evil and impure thoughts, we need to fill the minds with good and righteous thoughts. We need to act on things that are good, pleasing, and perfect according to God's will.

### 3. Training Ourselves with the Word of God

#### Bible References

"How can a young person stay on the path of purity? By living according to your word. I seek you with all my heart; do not let me stray from your commands. I have hidden your word in my heart that I might not sin against you." (Psalm 119:9-11)

Your word is a lamp for my feet, a light on my path. (Psalm 119:105)

#### Training

The best way to live according to God's will is to engrave His word in our hearts. With our sinful thoughts and knowledge, we cannot understand God's will. Therefore, when His word becomes a lamp for our feet, guiding us step by step, we gain the ability to overcome temptation and resist sin.

▷▷ The best way to distance yourself from sin is through meditation and memorizing the Word of God. As mentioned in Psalm 119:9-11, to keep the heart and actions pure, especially when you are young and temptations are abundant, it is crucial to engrave the Word and guard your heart.

It is recommended to date after you share the Word of God and have a time of prayer. When you guard your heart first while dating, you can distance yourself from sin. Sometimes, we tend to underestimate the power of the Word of God. Consider the fact when God created the world, He did so with His Word. "Let there be light, let there be the sun, let there be animals." Everything was created by His Word alone. The power of God's Word is beyond our comprehension.

And through the Word of God, we discern what is right and wrong. The ability to think and discern is achieved only through training. While the laws of the world change, God's Word remains eternally. That is why our standard should be based on the Word of God. Whenever we are confused about the choices, we need to go back to the Word of God. We must have a biblical worldview to have discernment. He who has the biblical worldview remains unshaken no matter how tumultuous the world may be. A person who keeps the Word close by is truly someone with God's character.

### 4. Training to have Integrity

#### Bible References

"Search me, O God, and know my heart! Try me and know my thoughts!" (Psalm 139:23)

"The Lord detests lying lips, but he delights in people who are trustworthy." (Proverbs 12:22)

#### Training

In order to confess before God, you must be truthful. As a faithful Christian, you must be trustworthy to God and others. To do so, you must train yourself to tell the truth.

▷▷ Can you trust someone who constantly lies? Let's say you have a boyfriend who exaggerates and overestimates himself. When he is faced with challenges, if he lies and avoids issues without a sincere apology, this will cause a lot of problems. Honesty comes through training. A godly man must have training in honesty.

### 5. Training of Tongue

#### Bible References

"Or take ships as an example. Although they are so large and are driven by strong winds, they are steered by a very small rudder wherever the pilot wants to go. Likewise, the tongue is a small part of the body, but it makes great boasts. Consider what a great forest is set on fire by a small spark. The tongue also is a fire, a world of evil among the parts of the body. It corrupts the whole body, sets the whole course of one's life on fire, and is itself set on fire by hell." (James 3:4-6)

"Out of the same mouth come praise and cursing. My brothers and sisters, this should not be." (James 3:10)

"Let no corrupting talk come out of your mouths, but only such as is good for building up, as fits the occasion, that it may give grace to those who hear." (Ephesians 4:29)

#### Training

A man of God should be able to control his words and use language that will please God. Through your everyday language, you can show your faith.

▷▷ Even elementary school children nowadays speak harshly without hesitation. Letting out harsh words without any guilt may indicate their hearts and minds are filled with impure thoughts and anger. You can tell what may reside in people's minds by observing what is coming out of their mouths. If someone constantly complains, curses, speaks of hatred and jealousy, he may be possessed by sinful and evil nature. We need to lift up and bless one another through our tongue and glorify God with gratitude in all circumstances.

"Training to Become A Godly Woman"

The characteristics presented in the training of becoming a godly man and a woman are virtues that are necessary for both men and women. Let girls check the characteristics listed and assess what they may be lacking.

### 1. Training to Seek God First

#### Bible Reference

"But seek first the kingdom of God and his righteousness, and all these things will be added to you." (Matthew 6:33-34)

#### Training

Even if you meet Prince Charming, it is impossible for him to satisfy your desires completely. Only God can fulfill the desires in your heart. God should always come first!

▷▷ Dating someone does not mean you won't be lonely. Similarly, if you think you will not be lonely anymore once you get married, you are wrong. When you are satisfied with God, then you understand the true meaning of happiness whether you have someone or not.

If you believe you will be happy only after finding your prince charming, you will never find true happiness. If you cannot be satisfied with where you are now, you cannot be satisfied through dating someone either. If you only focus on finding a boyfriend, then you are not a godly woman whom God can use. When we find joy in our relationship with God, we ponder upon how to please Him. A genuinely happy person is satisfied through God alone, seeks to have an intimate relationship with Him, and walks alongside Him. Therefore, a godly woman seeks God first and establishes a meaningful relationship with Him.

### 2. Training to Speak Wisely

#### Bible Reference

The heart of the wise makes his speech judicious and adds persuasiveness to his lips.(Proverbs 16:23)
"Words from the mouth of the wise are gracious, but fools are consumed by their own lips." (Ecclesiastes 10:12)

#### Training

When you are either dating or married, communication is the most important key. A couple that communicates well experiences happiness together. Wise words are essential for effective communication.

▷▷ If you speak wisely, your presence shines around you. If you were a man, would you want a girlfriend who criticizes you for every mistake you make? Or would you rather have a girlfriend who gracefully covers your mistakes and encourages you to become better?

Speaking without wisdom can turn your words into unnecessary remarks and even lead you to difficult situations. But words with wisdom encourage everyone's well-being. Nowadays when Satan is attacking us like a roaring lion, aiming to destroy families, we urgently need wise wives and mothers. When you have a wise mother, the children experience emotional stability and self-confidence, and become a happy couple through a wise wife. Since the source of wisdom is the Word of God, we should always seek wisdom from God.

### 3. Training to Show True Beauty

#### Bible Reference

"Charm is deceitful, and beauty is vain, but a woman who fears the LORD is to be praised." (Proverbs 31:30)

"Likewise, also that women should adorn themselves in respectable apparel, with modesty and self-control, not with braided hair and gold or pearls or costly attire, but with what is proper for women who profess godliness - with good works." (1 Timothy 2:9-10)

#### Training

True beauty is not determined by physical appearance but by the love you have in your heart for God.

▷▷ As mentioned in Proverbs and 1 Timothy, dressing up with beautiful clothes is not true beauty. Concentrating on how to dress up nicely, put makeup on, exercise to shape your body and to follow the latest trend is not genuine beauty. For such women, they are most proud and confident of their faces and bodies. They will be in vain as time passes. This doesn't mean to ignore our physical appearance and personal grooming entirely. True beauty lies not in the external appearance but within us.

A woman with God's characteristics and faith always exudes confidence. She does not force herself to be noticed. If you have true beauty, you concentrate more on the inner beauty rather than the outward appearance. That's what a godly woman is.

There is nothing more beautiful than seeing someone praising and worshiping God wholeheartedly. A woman who experiences the presence of the Holy Spirit, meditates the Word of God day and night, prays diligently, and enjoys an intimate relationship with God is a beautiful woman. A godly man should see such a woman.

### 4. Training to Stay Humble

#### Bible Reference

"Humble yourselves before the Lord, and he will lift you up." (James 4:10)

"For all those who exalt themselves will be humbled, and those who humble themselves will be exalted." (Luke 14:11)

#### Training

Be aware of those who are selfish. God uses the ones who are committed to others.

▷▷ If you are humble, God lifts you up, when He does, you become even more humble in turn. Therefore, God lifts up those who are humble. A man should definitely seek a humble woman. A man should be very cautious of self-centered and arrogant women. Women like these are often prone to arrogance due to their beauty, wealth, knowledge, and any other possessions they may have. They may seek to marry a successful husband, and if the husband's business or work face challenges, they will likely treat their husbands with disrespect.

A humble wife never gossips about her husband in front of their children. Knowing that there is no perfect father in this world, she should talk about positive aspects of their father with the children. She teaches children to appreciate and express gratitude to their father, who takes the family's financial responses and encourages children to learn their father's good characteristics. A husband with such a humble wife can only be happy.

### 5. Training to Serve the LORD

#### Bible Reference

"For am I now seeking the approval of man, or of God? Or am I trying to please man? If I were still trying to please man, I would not be a servant of Christ." (Galatians 1:10)

#### Training

A person who serves God wholeheartedly with sincerity is truly a beautiful woman of faith.

▷▷ When serving at church, do you serve to be noticed by people or solely for God? The latter is a truly godly woman of faith. Therefore, when going on church retreats or mission trips, you can discern whether someone is serving to be noticed by people or to serve God alone. Set your mind on eternal things, serve the eternal King, and live to please Him only.

Are you always focused on pleasing people, or are you more conscious of God's perspective? People who prioritize pleasing people are those who consider their reputation as their priority. People who are more concerned with friends over God at church tend to have low self-esteem. They may be hesitant to show their true feelings and constantly watch their behavior, feeling that others might reject them. On the other hand, a woman who focuses on God is not afraid of people but fears God.

## Book Discussion

**Jr. High**

**Boys** "Sex & the New You" for boys (Concordia Publishing House)

Ch. 7 Becoming a Man

Ch. 8 About Boys and Men

Ch. 9 The Miracle of Birth

Ch. 10 Getting Along with Friends

**Girls** "Sex & the New You" for girls (Concordia Publishing House)

Ch.1 Becoming a Woman

Ch. 2 About Girls and Women

Ch. 9 The Miracle of Birth

Ch. 10 Getting Along with Friends

* Provide "Critical Thinking Questions" for each chapter. "Critical Thinking Questions" will help to lead the book discussion. Remember, listening to the students opinion is more important than the answer to the questions. Sometimes, it is a good idea to throw open-ended questions to the student.

**High School**

**Boys** "Every Young Man's Battle" by Stephen Arterburn

Part V Setting Your Defenses

**Girls** "Every Young Woman's Battle" by Shannon Ethridge & Stephen Arterburn

Part V Guarding Your Heart

Part VI Gourding Your Body

*Book discussion can be optional, however, it is strongly encouraged. Students must read the book in advance for the book discussion. There is a workbook for "Every Young Man's Battle" and "Every Young Woman's Battle" (Water Brook Press). The workbook will be very helpful to lead the discussion sessions.

## LESSON THREE HOMEWORK

1. **Read "Sex & the New You" for Jr. High students and "Every Young Man's / Woman's Battle" for High School students by next week's book discussion.**

2. **Remember to watch the movie, *Facing the Giants* with your family. Write your response on the given review sheet, and turn it in by NEXT WEEK.**

LESSON FOUR

# Dating with Divine Joy: Finding Love that Delights God

Main Topics

1.Christian Dating.

2.Understanding Boundaries in Dating.

3. Biblical Perspective of Homosexuality.

Memory Verse

"Don't let anyone look down on you because you are young, but set an example for the believers in speech, in conduct, in love, in faith and in purity." (1 Timothy 4:12)

## Supplies

Rose Activity: Rosebuds with petals still tightly closed for each student, 2 naturally bloomed roses.

| Program | | Total Time (3hr 20min) | Note |
|---|---|---|---|
| Small Group | Sharing Time | 10min | Movie *Facing the Giants* |
| Big Group | Lecture "Dating with Divine Joy: Finding Love that Delights" | 30min | Instructor/pastor |
| Boy/Girl Big group | Rose Activity | 20min | One group leader for Boys / group Leader<br>One group leader for Girls/ group leader |
| Small Group | "Make plans for a future date" | 20min | Group leader |
| Small Group | Think & Share "True Love" | 20min | Group leader |
| Boy/Girl Big Group | Lecture "HOMOSEXUALITY" | 20min | Instructor/pastor |
| Big Group | Prayer List for Your Future Spouse & Pray | 20min | Instructor/pastor |
| Boy/Girl small group Jr. High | Jr. High Book Discussion | 1hr | "Sex & the New You" for Boys<br>"Sex & the New You" for Girls |
| Boy/Girl small group High School | High School Book Discussion | 1hr | "Every Young Man's Battle"<br>"Every Young Woman's Battle" |

## Sharing Time

Students Should share what they learned about the movie *Facing the Giants* in their small groups.

NOTE)
Have students recite the Memory Verse before the lesson starts. You can save time if the teachers check the Memory Verse in the beginning.

## Lecture

"Dating with Divine Joy: Finding Love that Delights"

### Christian Dating

Recite 1 Timothy 4:12. What is the meaning of "an example for the believers"?
As Christians, we must be an example spiritually and physically because we must be set apart from the world. We must be especially careful in our words, actions, and thoughts so that we can live in purity.

Men and women were created differently so being attracted to each other is natural. However, the Bible does not provide guidelines on when it is appropriate to hold hands or when to kiss during a date. God emphasizes that who we become is more important than what we do. In this context, dating should be a process of becoming a better person. If you are becoming more mature and your faith is growing stronger, then you are dating in the right way.

Dating is not just about getting to know each other casually but it is a process of observing the other person with marriage in mind. There is nothing better than having the same love and care while dating to continue after marriage, but in many cases, that is not the reality. Relying solely on the intense emotions of your partner can lead to the qualities you once admired into drawbacks in marriage. This often results in cases that eventually lead to divorce. Therefore, dating should be approached very carefully.

Intimate dating with the premise of marriage (dating within a romantic relationship) can begin when you become financially independent from your parents. This is because the purpose of dating in a romantic relationship is to prepare for a successful marriage. Are you able to support yourself without financial assistance from your parents? Can you take responsibility for your actions? Are you prepared to take care of and raise a child when married? Both emotional and financial readiness are necessary before getting involved in romantic dating with the intention of marriage.

Before making such preparations, casual dating (group dates) is sufficient. Spending time with many friends in a group gives enough opportunity to get to know the person. Casual dating involves mutual interest and liking, but it prioritizes building friendships as close friends. Instead of having exclusive one-on-one time, it involves meeting in groups to understand each other without having physical contact.

Some argue against dating in romantic relationships and suggest meeting only one person before marriage. They claim that dating has no benefits and can hurt each other emotionally. However, this perspective seems extreme. How can you meet only one person and get married? This scenario is feasible for only a small percentage of people.

Recognizing your lifetime partner at first sight can be challenging. If dating can positively influence each other, it can be a mutually beneficial experience rather than one that inflicts emotional wounds. Healthy dating involves mutual consideration, respect for each other's boundaries, learning from one another, and drawing closer to God.

Casual dating provides a great opportunity to learn about each other. When sharing friendships with many people, church can be a great place to search for the kind of person that may suit you. Some friends may be decisive, some may be spiritual, and others may be considerate, each having their own appealing personalities. By going to the movies and attending retreats with these friends, you can discover your preferences. You can discover more about your preferences, gradually narrowing down your choices.

In that sense, cultivating relationships in a friendship is desirable. It is important to observe many people and develop the ability to discern character before dating. Once you are married, it is not easily reversible. Therefore, it is crucial to understand your preferences before marriage and know the characteristics you tend to get attracted to. Then you can start praying early to meet someone with such characteristics.

When you are casually dating, it allows you to discover your own shortcomings. For example, if there is a disagreement and you tend to stop talking and completely cut off communication with the other person for days, or if the other person has such a tendency, it becomes an opportunity to learn how to address and resolve such issues. Experiencing more friendships without physical contact provides many opportunities for prayer and leads to desirable outcomes when both individuals are ready to start dating.

In romantic relationships and dating, it is important to learn self-control as to not cross boundaries and exercise self-restraint, even though you have affection. It is advisable not to meet someone from the beginning if they demand a level of physical intimacy that you are uncomfortable with just because they like you. They are likely to turn into risky dates. A healthy relationship involves respecting the boundaries mutually agreed upon and making efforts to keep them, leading to a mutually beneficial relationship.

## Christian Dating Checklist

1. "But seek first his kingdom and his righteousness, and all these things will be given to you." (Matthew 6:33)

2. "Do not be yoked together with unbelievers. For what do righteousness and wickedness have in common? Or what fellowship can light have with darkness?"(2 Corinthians 6:14)

3. "Above all else, guard your heart, for everything you do flows from it." (Proverbs 4:23)

4. Dating is important because it leads to marriage.

5. Seek advice from your parents because they may see things that you may not.

6. Do the people around you bless your relationship or worry about it?

7. Try to enjoy double dating. This will give you opportunities to see how the person treats others.

8. "It is God's will that you should be sanctified: that you should avoid sexual immorality; that each of you should learn to control your own body in a way that is holy and honorable, not in a passionate lust like the pagans, who do not know God." (1 Thessalonians 4:3-5)

9. Do God's work together. Then you can know the other person better.

10. When you respect each other, it is real love. Practice respecting each other. If you cannot respect each other while dating, it is impossible to do so in marriage.

How can I tell if I am genuinely in love or if it's a temporary feeling? Similarly, how can I know if the other person genuinely loves me or if it's a fleeting emotion? It is normal to have feelings for someone you meet and like, however, before having a set boyfriend/girlfriend, it is essential to be careful. Before going on a date, it is advisable to think ahead about what kind of date it will be and how to please God through that date. Planning ahead can help avoid difficult situations later on. When going on a date, follow the advice in the 'Advice on Christian Dating' list to ensure a thoughtful approach.

11. When dating, pray together that you wear the armor of God (Ephesians 6:10-20).

12. When you are dating someone, you must always check that you are getting close to God and not getting farther away from Him.

- Reading the above passage, have the leader explain one by one what to keep in mind when dating.

1. "But seek first his kingdom and his righteousness, and all these things will be given to you." (Matthew 6:33)

First, we should engage in dates that seek the kingdom of God first. When dating, the focus should be on how to glorify God, considering how our conversations can bring Him joy. In this way, the center of the date is aligned with God, and through dates that seek the kingdom of God, the faith of both people grows. Even while dating, your relationship should be centered around God, so that when you get married, your marriage can center around God as well.

2. "Do not be yoked together with unbelievers. For what do righteousness and wickedness have in common? Or what fellowship can light have with darkness?"(2 Corinthians 6:14)

Second, it is imperative to date a Christian. Many people think lightly of dating non-Christians as they think that they can just convert them after getting married. However, that is a prideful misconception. While clearly, God commands us to preach to evangelize to those who do not believe, it should not be done through marriage. Even if you are determined to change your husband/wife, people don't change easily; it is God who should bring about that change. While evangelism is important, dating should be done with Christians. Because we are sinners, it is crucial to remember that we are vulnerable beings that can easily be influenced, so we have to be careful when we meet or even avoid dating non-believers.

3. "Above all else, guard your heart, for everything you do flows from it." (Proverbs 4:23)

Third, we need dates that can guard our hearts. "Above all else, guard your heart, for everything you do flows from it" (Proverbs 4:23). To guard our hearts during dates, it is important to avoid secluded places alone and instead, choose public places. Meeting in groups in open places can help protect the heart from trials from the beginning.

4. Dating is important because it leads to marriage.

Fourth, dating should be based on the premise of marriage, and impulsive dating is not advisable. It is risky to casually meet various people, engage in physical contact without hesitation, and choose a suitable person from among them. Dating solely because of loneliness is undesirable.

5. Seek advice from your parents because they may see things that you may not.

Fifth, seek advice from your parents. Parents can see things that you may not see. Introducing your date to your parents creates a sense of responsibility, making both of you more cautious and less likely to treat each other thoughtlessly.

6. Do the people around you bless your relationship or worry about it?

Sixth, examine whether the people around you bless and support the relationship or express concerns. Meet the leaders in the church your girlfriend/boyfriend attends. Get to know each other's friends. Is your girlfriend/boyfriend acknowledged and blessed by the people around you, or are there concerns about the relationship? It is important to observe whether the person is recognized and blessed by those around you.

7. Try to enjoy double dating. This will give you opportunities to see how the person treats others.

Seventh, enjoy group dates rather than exclusive one-on-one dates. It is important to observe how your girlfriend/boyfriend interacts with others within the group. As mentioned earlier, before getting involved romantically, it is important to just casually date first. Even in a romantic relationship, it is important to frequently meet in groups and observe how your girlfriend/boyfriend interacts with others.

8. "It is God's will that you should be sanctified: that you should avoid sexual immorality; that each of you should learn to control your own body in a way that is holy and honorable, not in a passionate lust like the pagans, who do not know God." (1 Thessalonians 4:3-5)

Eighth, talk to your date about the boundaries that must be observed during dates (1 Thessalonians 4:3-5). Always be mindful that you can part ways with this person. Maintain the relationship in a way that avoids causing a heartache even if you separate. Allow the relationship to progress slowly. Remember the saying, "What quickly becomes hot, quickly cools down." Therefore, it is advisable to start physical contact such as holding hands or linking arms slowly. As the stages of dating progress, there is a natural human tendency, especially among men, to desire a deeper and faster progression.

For slower progression, it is essential to establish boundaries in advance. Personally, I believe light kisses are allowed while dating. If you have been dating for three years and kissed within the first six months, would it be sustainable to maintain the relationship with only kisses for the remaining two and a half years? Therefore, it is necessary to take things slowly. If you don't discuss how far and at what speed you can go, it is foolish because marriage can be called off at any time, even a day before the wedding day. Therefore while dating, permit only to a point where it is acceptable in the case of breaking up.

9. Do God's work together. Then you can know the other person better.

Ninth, serve together in the work of God. Serving together provides an opportunity to learn more about each other. You can date as you get involved in serving together by participating in summer Bible school or going on missions. Serving together is a great way to know many things about each other.

10. When you respect each other, it is real love. Practice respecting each other. If you cannot respect each other while dating, it is impossible to do so in marriage.

Tenth, true love is about respecting each other. Practice being considerate of your partner. If you do not feel respected while dating, there is a high likelihood that you may not be respected after getting married. Even in an intimate marriage, mutual respect is crucial.

11. When dating, pray together that you wear the armor of God (Ephesians 6:10-20).

Eleventh, pray together each time you meet for both of you to put on the full armor of God (Ephesians 6:10-20). Praying together and asking for strength to resist temptations by putting on the full armor of God is essential during every date.

12. When you are dating someone, you must always check that you are getting closer to God and not getting farther away from Him.

Twelfth, as you begin dating, regularly check if you are growing closer to or drifting away from God. It is important to see if your relationship with God deepens or weakens when meeting your partner. If you find that your relationship with God has cooled off, take a break from dating for a while and refocus on your relationship with God. Instead of just focusing on each other while dating, strive for a triangular relationship where both of you look to God as the center.

## Rose Activity

### Supplies

Rosebuds with petals still tightly closed for each student, 2 naturally bloomed roses

NOTE)
The instructions are divided into a boys' group and a girls' group for the learning process.

### Purpose

To show that young rosebuds cannot be forcefully bloomed like naturally bloomed roses. Young girls cannot be forced to look and act like fully grown women. When premature girls try to make decisions to imitate grown women, they are not mentally, physically, spiritually, and emotionally ready.

### Steps

1. Take one rosebud per student
2. Show naturally bloomed rose
3. Ask students to make the rosebud become a fully bloomed rose by stretching the petals in 20 seconds
   Leader: "Now why don't you try to force the rosebud to be fully bloomed by forcing the petals open one by one in 20 seconds"
4. Most students will see that the petals have fallen and broken
5. Compare the buds that were forced to bloom and the roses that naturally bloomed
6. Answer the questions and discuss with the group

* When students try to stretch a rosebud to become a bloomed one, they will notice that many petals are damaged. In the same way, if we have a physical relationship too early, our spirit, mind, and body will be damaged. We need to wait until mentally, physically, spiritually, and emotionally ready and enjoy the relationship in marriage.

## Questions for Student

1. Is it possible to encourage a rosebud to bloom by hand without causing any lasting damage, or does it need to bloom on its own?
2. Similarly, can a young woman accelerate her own development into full maturity?
3. What is the common factor that allows for the natural maturation of both a rosebud and a young girl into adulthood?
4. What insights did you gain from the Rose Activity? Discuss with your group.

## Group Discussion

NOTE) The instructions are divided into small groups for the learning process. Boys and girls can be divided if it is necessary.

"Make plans for a future date"

1. If you go on a date, at what age would you like to start dating in a romantic relationship?

2. How many people do you think you might date before getting married?

3. When you date, what are the chances in percentage that your date will break up with you without getting married?

4. If you start dating, how would you set boundaries? (Be specific, such as when to hold hands, when to hug, etc.)

5. If you were in a romantic relationship but ended up breaking up, how should you maintain boundaries to be able to greet each other when you meet again in the future?

## Think & Share

"True Love"

### 1. What does the Bible say about true love?

▷▷ Read 1 Corinthians 13:4-7

NOTE) The instructions are divided into small groups for the learning process. Boys and girls can be divided if it is necessary.

The Bible never says that love is symbolized by a racing heart. The Bible says that love is patient and sacrifices for others. Our kids are familiar with fake love portrayed in the media, and they think that what they see is true love. We need to teach them what true love is as stated in the Bible.

The Bible never says that love is symbolized by a racing heart. The Bible says that love is patient and sacrifices for others. Our kids are familiar with fake love portrayed in media, and they think that what they see is true love. We need to teach them what true love is as stated in the Bible.

The Bible does not say that "love is the feeling of a pounding heart." Instead, it emphasizes that love endures and involves dedication to the well-being of the other person. The messages of the world often whisper to us, "If you cannot feel love that makes your heart pound, then it wasn't real love from the beginning." In response, people might think, "I must have misunderstood back then. That wasn't real love," and they may seek someone else. Subsequently, if the intense emotions of passionate love cool down after getting married, people may think they have lost true love, leading to divorce. Satan perpetuates the lie that "love is a feeling," spreading it throughout the world. Love is an act of will. True love is described as "Patient, kind, not jealous, not boastful, not proud, not rude, not selfish, not easily angered, not keeping record of wrongs, not delighting in evil but rejoicing with the truth. It always protects, always trusts, always hopes, always perseveres" (1 Corinthians 13:4-7).

### 2. When should I say "I love you" to my boyfriend/girlfriend?

▷▷ Remember that love is not just a feeling. Follow the checklist to see if you and your boyfriend/girlfriend can both sacrifice the way Jesus did for you. Before you start dating, think about whether you can be financially independent, be mature enough to date, abstain from temptation, and take responsibility for yourself and your boyfriend/girlfriend. Before dating as boyfriend/girlfriend, you can do "friendship dating", which involves no physical relationship and meeting in groups.

There is a definite difference between love and liking. Uttering the words "I love you" to someone can be done when you are emotionally and financially independent, and when you can take responsibility for your actions (it's advisable to start saying it after going to college). Until high school, emotions are still influenced by adolescent hormones, making it challenging to take responsibility for the other person. During adolescence, liking someone tends to change frequently due to the hormonal characteristics of this phase. Hence, having a girlfriend/boyfriend during adolescence often leads to the likelihood of breaking up and causing heartache to each other.

Let's ask the students how many people they have liked so far. Most of them will probably say around 5 to 10, and some might even mention 30. It's perfectly normal to have feelings for someone. However, just because you like someone does not mean you have to date them. It is possible to genuinely like someone and be friends with them. During adolescence, hormonal influence can lead to the misconception that such feelings are love, but in reality, it's often a desire to become closer as friends rather than true love.

### 3. When do we know if we are ready to love somebody?

▷▷ As you learned from Christian Dating, you must check the list to see if you can take on the responsibility of love.

If, as learned from the "Christian Dating List," you feel confident in truly loving in every aspect, then you are ready. It is important to seek the opinions of your parents at this point and evaluate if you are financially independent, mature enough to date, capable of practicing self-discipline, and willing to take responsibility for everything happening between the two of you. After considering these factors, you can start dating. Before that, enjoy casual dating where you can just be friends.

### 4. Why do we need boundaries when we date?

▷▷ Dating is based on marriage. The purpose of dating is to marry the right person. Boundaries are essential when dating. When we have boundaries, we can protect each other from getting hurt while we recognize each other and learn to have self-control. Recognizing boundaries makes it easier to understand your partner's reasons for saying "no" to some activities. Remember, you can break up at any time, so you should have boundaries that will not hurt each other. Some people even break up the day before the wedding. If you read Boundaries in Dating by Dr. Henry Cloud and Dr. John Townsend, you can more effectively teach these ideas.

**5. What do you think is the physical limit in dating?**

▷▷ You can give a light hug and a peck; however, a deep kiss is the gateway to forbidden acts. Many people say that their first kiss is completely different from what the media portrays. Many women say that it was uncomfortable or embarrassing. Many men go to the next level sexually after the first kiss due to their sinful tendencies. That is why we must have a physical limit. If you can be disciplined and have self-control, then you can stay pure.

Especially since we are naturally drawn to physical desires, we must pause before reaching the inappropriate stages. It is crucial to establish boundaries up to the point of self-discipline. The goal is to have a relationship that pleases God with purity rather than getting involved in physical contact that may cause harm. Remember that there are couples who part ways even on the eve of their wedding. Marriage is confirmed when the wedding ceremony takes place.

## Lecture

"HOMOSEXUALITY"

**1. Is homosexuality genetic?**

- In 1993, Dean Hamer found the chromosome marker Xq28. Since he was the first person to discover it, Science magazine published this as the discovery of a homosexuality gene.
- In 1999, a study disproved that Xq28 had any correlation to homosexuality.
- In 2005, there was another study conducted that confirmed that Xq28 was not associated with homosexuality.
- If genetics affected homosexuality, then identical twins should share homosexual tendencies.
- In 2000, in the U.S., Kendler studied 1,512 pairs of identical twins in which at least one twin had homosexual tendencies, and the occurrence of both twins having homosexual tendencies was only 18.8%.
- In 2010, in Sweden, Landstrom studied 7,652 pairs of identical twins in which at least one twin had homosexual tendencies, and the occurrence of both twins showing homosexual tendencies was 9.9% in men and 12.1% in women.
- These studies prove that the occurrence of homosexuality has no link to genetics.[7]

The result of the research shows that homosexuality is not genetic.

## 2. Even though homosexuality is not genetic, why do many people still think it is?

First, our knowledge about homosexuality is severely lacking.

Second, incorrect studies on homosexuality have been widely reported globally. Even after these studies were later proven to be incorrect, people still remember the initially reported false information.

In 1993, Dean Hamer, a gay man, made a significant announcement in the journal 'Science' claiming that there was a correlation between homosexuality and the XQ28 gene. However, as science progressed, it was revealed that this claim was false. In 2005, Hamer himself admitted that the previous analysis regarding the connection between XQ28 and homosexuality was flawed. Despite this, many people still remember the 1993 paper as facts. The extensive media coverage at the time has contributed to people believing it until this day.

Until 1973, the American Psychiatric Association (APA) originally classified homosexuality as a disorder. However, later that year, due to significant political pressure and lobbying efforts from the LGBTQ community, homosexuality was redefined as normal. The decision by the APA regarding homosexuality was made through a vote. In fact, if the decision had been solely based on scientific diagnosis, the outcome might have been different.

### 3. Is there scientific evidence that homosexuality is not genetic?

Firstly, examining cases of identical twins provides insights. If homosexuality were genetic, and one of the identical twins were gay, the probability of the other twin also being gay should be at least 80-90%, considering they share the same DNA, parents, and environment. However, studies on identical twins have consistently demonstrated that homosexuality is not genetic. A study by Kendler in the United States, conducted between 1995 and 1996 on 1,512 pairs of identical twins, revealed a concordance rate of 18.8%, as reported in 2000. Bailey conducted a study in Australia in the year 2000, surveying 3,782 pairs, with results showing rates of 11.1% for males and 13.6% for females. A notable study by Långström in Sweden, published in 2010, surveyed 7,652 pairs of identical twins between 2005 and 2006, indicating a concordance rate of only 9.9% for males and 12.1% for females. Overall, Kendler's study and others suggest that homosexuality is not genetic, with a concordance rate of around 10%.

F. J. Kallmann claimed a 100% concordance rate for homosexuality in identical twins. However, this study is considered unreliable. Kallmann, in 1952, reported that if one of the identical twins is gay, the probability of the other twin also being gay is 100%. In reality, this result was based on a sample of individuals from prisons and mental institutions, making its reliability questionable.

Secondly, if homosexuality were genetic, over time, the number of homosexuals would decrease and eventually disappear because homosexuals would not be able to have offspring. However, observing the current world, the number of homosexuals is actually increasing. This suggests that homosexuality may be more related to choice rather than genetics.

Thirdly, if homosexuality were purely a genetic issue, people who identify as homosexual could never transition to becoming ordinary husbands or wives and fathers or mothers of children. However, there are numerous cases where people who were initially in same-sex relationships later transitioned to opposite-sex relationships. Well-known examples include people who, despite having identified as homosexual, eventually became heterosexual, got married, had children, and are living fulfilling lives. Even the composer of the popular hymn "You Are My Strength When I Am Weak" experienced a transition from homosexuality to heterosexuality, marrying and having children.

Lastly, in 2019, Harvard University and Massachusetts General Hospital, among others, published a study in the international journal 'Science' where they compared and analyzed the entire genomes of 477,522 individuals. The results revealed the discovery of five genetic variants related to homosexuality, but their impact on homosexuality was found to be less than 1%.[8]

### 4. Why is homosexuality increasing?

It is rare for people to come out as homosexual with the intention of engaging in same-sex relationships. More commonly, people come out as homosexual due to experiences of social rejection, lack of acceptance, loneliness, confusion about sexual identity, self-loathing, and the consequences of being rejected. Some reasons for coming out as homosexual include the following:

Firstly, the experts suggest that many cases of homosexuality can be linked to parents' incorrect gender roles. Dr. James Dobson, who counseled over 500 gay adolescents, stated that not a single one of them had a good relationship with their fathers. Consequently, people who feel rejected by their parents may express greater anger. Sons often seek attention and recognition from their fathers, and if these needs are not met, there is a possibility of developing a homosexual orientation. Dr. James found that many gay and lesbian individuals experienced significant conflicts with their parents. Particularly lesbian women harbored intense dislike and hatred towards their mothers. Therefore, parents need to exemplify proper gender role models within the family to address these issues.

The second reason is improper sexual experiences during childhood.

A girl who experienced sexual abuse as a child may start acting like a boy, believing that she would not have suffered the trauma if she were a boy. Alternatively, if the initial sexual experience was influenced by a gay or lesbian individual, it may lead them towards a homosexual orientation.

The third reason is the influence of the media. Recently, parents of LGBTQ students who contacted me expressed concerns that a considerable number of their children have come out as homosexual due to media exposure. In conversations with students, they mentioned encountering content in webtoons or pornography that romanticizes homosexuality, creating fantasies about same-sex relationships and making homosexual individuals appear more appealing than heterosexual individuals. Exposure to pornography can make conventional heterosexual relationships seem mundane.

Fourth, the societal influence promoting homosexuality also plays a significant role. Society has successfully created an atmosphere where endorsing and understanding homosexuality is widely accepted and encouraged. Schools, in particular, have fostered an environment where coming out as homosexual is met with applause, contributing to an increase in popularity. Consequently, many people who come out as homosexual might not fully understand the implications of a homosexual lifestyle.

Fifth, there is the encouragement of homosexuality in public school education. Education in public schools often promotes the misconception that engaging in sexual activities within homosexuality is safe (which is not entirely accurate) and emphasizes that one can have a healthy sex life without the risk of pregnancy. Due to the education endorsed by schools, children are subjected to indoctrination that portrays homosexuality as normal and positive. In the United States, it's not just about education;

schools are administering puberty blockers or cross-sex hormones and injections to children who come out as homosexual without their parents' knowledge. Many doctors have already warned about the irreversible consequences, such as permanent infertility, that result from the administration of puberty blockers or cross-sex hormones and injections.

Lastly, there is the influence of physical characteristics. For example, people who have highly feminine appearances as males, or vice versa, may find themselves inclined towards homosexuality.

It's natural for us to rely on our same-gender friends emotionally and sentimentally, especially during adolescence when relationships with friends are highly valued. Building closer relationships with same-gender friends during this time can be beneficial. However, just because you connect emotionally and sentimentally with same-gender friends doesn't mean you will become gay or lesbian. It's essential not to mistake friendship for same-sex attraction. Additionally, during adolescence, hormonal influences can lead to confusion about sexual identity.

According to the Diagnostic and Statistical Manual of the American Psychiatric Association, 98% of boys who experienced confusion about their sexual identity during childhood accepted their biological gender as adults. It is important to note that this study focused on people who were not encouraged with medications or surgeries to confuse them further during that time, unlike the current practices.

Shiloh Jolie-Pitt ▸

As an example, Angelina Jolie's daughter, Shiloh Jolie-Pitt, expressed from a young age that she identified as a boy and preferred to be called John. Although it might have been common in the United States for many people to consider gender confirmation surgery for Shiloh Jolie-Pitt, she did not undergo such surgery. Now, she has grown into a beautiful young lady. If she had undergone gender confirmation surgery at a young age, what might have been the consequences? Gender confirmation surgery is irreversible.

### 5. What does the Bible say about homosexuality?

1. Genesis 19:1-13
2. Leviticus 18:22
3. Romans 1:26-27
4. 1 Corinthians 6:9-10
5. 1 Timothy 1:9-10

Read the verses above together.

Let's remember that when God's Word mentions sin, it is sin. As we can see in the Scriptures, various sins are listed that prevent entry into the Kingdom of God, including idolatry, adultery, greed, anger, pride, jealousy, murder, immorality, fornication, and homosexuality. The Bible does not specifically designate homosexuality as a greater sin than others; rather, it places all sins on an equal footing. God considers every sin seriously and detests them. Furthermore, God desires that every sinner repents and returns to Him.

"As such were some of you. But you were washed, you were sanctified, you were justified in the name of the Lord Jesus Christ and by the Spirit of our God." (1 Corinthians 6:11) According to this verse, even those who committed many sins, including those mentioned in 1 Corinthians 6:9-10 (including homosexuals), can receive washing, sanctification, and justification in the name of the Lord Jesus Christ and by the Spirit of our God. When homosexuals meet Jesus, it is like shining a light in the darkness. The sin is brought out as the darkness fades because Jesus shines His light, convicting them to repent and turn away from their sin. The death and resurrection of Jesus Christ are for everyone, and His blood has incredible power. Being a homosexual does not automatically lead to hell, just as being heterosexual does not guarantee entry into heaven. The only way to reach heaven is through Jesus Christ.

Note) search for"Homosexuality Overcoming Case Christopher One" and "Homosexuality Overcoming Case-Melissa Freer" (provided by Gunsayeon TV) on YouTube and watch it together (see QR).

Christopher ▶ 

Melissa ▶

## 6. As a Christian, how should we approach homosexuals?

This is a very important issue, and two key principles should be kept in mind. Firstly, God is love. Therefore, when they approach us, we should respond to them with love. Secondly, we must stand on the righteous standard of God, as stated in the Bible. Even though many people may think homosexuality is acceptable, if God calls it a sin, we cannot say it is not a sin. God desires to forgive repentant sinners, but He does not forgive those who continue to enjoy the same sin without repentance. Homosexuality refers not only to emotional love but also to sexual acts between people of the same sex. God only recognizes sexual relations within the context of marriage between a husband and a wife. Any other sexual activity is considered a sin.

God has explicitly stated in the Bible that not only homosexuality but also many other sinful behaviors such as adultery, idolatry, pornography, lying, and more are considered sins. While homosexuals argue that their actions should be accepted if they genuinely love each other, if a husband cheats on his wife and claims that he is in true love with another woman, then how many morally upright households would remain in this world? Even if love is sincere, if it contradicts God's commandments, we must distance ourselves from such behaviors.

Love and justice must be balanced. If homosexual individuals come to the church, it is essential to first form a prayer team for them and pray for their souls. If God has chosen them as one of His people, He will lead them out of sin. When they meet Jesus, darkness retreats, and they can live as children of light. By showing love to them first and proclaiming the truth, many people may witness a departure from same-sex attractions. Without establishing love and relationships, condemning with words can close hearts. Jesus himself did not condemn the woman caught in adultery but, instead, said, "Let him who is without sin among you be the first to throw a stone." Following Jesus' example, we should embrace others with love.

### 7. Will being recognized as a sexual minority make you happy? Will gender transition hormones or gender reassignment surgery make life happier?

According to the Centers for Disease Control and Prevention (CDC) in the United States, comparing the years 2007 and 2017, the suicide rate among 10 to 14-year-old children has tripled over the past decade, and the suicide rate among students is currently rapidly increasing.[9] The CDC's analysis also reveals that among students who classify themselves as sexual minorities, 40% responded that they had "seriously considered suicide."[10]

Regarding gender transition hormones or gender reassignment surgery, there are no reports to date suggesting that suicide rates have decreased through gender reassignment surgery at a young age. On the contrary, research results and reports on people who have undergone gender transition hormones or surgery have shown mixed findings. Analyzing 30 years of data (Long-term follow-up of Transsexual persons undergoing sex reassignment surgery: cohort study in Sweden), the results indicated that up to 10 years after gender reassignment surgery, people seemed to be doing fine, but afterward, they experienced increased risks of depression, suicidal tendencies, and psychiatric morbidity compared to the general population. Analyzing the data 30 years later revealed that individuals who underwent gender reassignment surgery were 19 times more likely to die by suicide compared to those who did not undergo the surgery.

## Prayer List for Your Future Spouse

Prepare pretty stationery and distribute it to students, encouraging them to write prayer topics for their future spouses.

For example, "A husband who faithfully believes in God and does not compromise with the world," or "A wife with a beautiful heart caring for the needy" etc.

After writing the letters, advise them to put them up in their room and encourage them to pray daily for their future spouse. Stress the importance of praying for their future spouse and suggest they share the prayer list with their parents. Have them discuss the prayers topics their parents had when they were young. The parents can share what prayer topics have come true and express gratitude for the character traits.

* Remember to watch the movie War Room with your family. write your response on the given review sheet and turn it in NEXT WEEK.

## Book Discussion

**Boys** "Sex & the New You" for boys (Concordia Publishing House)

Ch. 11 What about Dating and Hooking up?

Ch. 12 Getting Along with Family

Ch. 13 The New You

**Girls** "Sex & the New You" for girls (Concordia Publishing House)

Ch. 11 What about Dating and Hooking up?

Ch. 12 Getting Along with Family

Ch. 13 The New You

* Provide "Critical Thinking Questions" for each chapter. "Critical Thinking Questions" will help to lead the book discussion. Remember, listening to the students opinion is more important than the answer to the questions. Sometimes, it is a good idea to throw open-ended questions to the student.

**High School**

**Boys** "Every Young Man's Battle" by Stephen Arterburn

Part VI Sexual Honor

**Girls** "Every Young Woman's Battle" by Shannon Ethridge & Stephen Arterburn

Part V Looking for Love in the Right Places

* Book discussion can be optional, however, it is strongly encouraged. Students must read the book in advance for the book discussion. There is a workbook for "Every Young Man's Battle" and "Every Young Woman's Battle" (Water Brook Press). The workbook will be very helpful to lead the discussion sessions.

## LESSON FOUR HOMEWORK

1. Read "Sex & the New You" for Jr. High students and "Every Young Man's Battle, Every Young Woman's Battle" for High School students by next week's book discussion.

2. Remember to watch the movie, *God's Not Dead 1* (2014) with your family. Write your response on the given review sheet, and turn it in by NEXT WEEK.

God's Not Dead 1 ▸

LESSON FIVE

# The Blessing of Purity: God's Design for Holiness

**Main Topics**

1. Biblical Understanding of Purity.
2. God paid the highest price through the death of His Son for me.
3. My body is a temple of the Holy Spirit.
4. Understanding purity as created by God.
5. Distorted understanding of purity imposed by the world.

**Memory Verse**

"Do you not know that your bodies are temples of the Holy Spirit, who is in you, whom you have received from God? You are not your own; you were bought at a price. Therefore honor God with your bodies." (1 Corinthians 6:19-20)

## Supplies

Band-Aid Activity (Prepare two band-aids for each high school student)

| Program | | Total Time (3hr 20min) | Note |
|---|---|---|---|
| Small Group | Sharing Time | 10min | Movie *God's Not Dead 1* |
| Big Group | Lecture "PURITY" | 30min | Instructor/pastor |
| Boy/Girl Big group | Band-Aid Activity (High School only) | 20min | One group leader for Boys<br>One group leader for Girls |
| Boy/Girl Big Group | Bible Study "STDs" | 30min | One group leader for Boys<br>One group leader for Girls |
| Boy/Girl Small Group | Think Deeper "Fire & Sex" | 30min | Group leader |
| Boy/Girl Big Group | Lecture "HOMOSEXUALITY" | 20min | Instructor/pastor |
| Boy/Girl Small Group | Think Deeper "3 Myths about Sex" | 20min | Group Leader |
| Small Group | Sharing and Prayer | 1hr | Group Leader Instructor/ pastor for closing |

## Sharing Time

Students Should share what they learned about the movie *God's Not Dead 1* in their small groups.

Note]
Have students recite the Memory Verse before the lesson starts. You can save time if the teachers check the Memory Verse in the beginning.

## Lecture

"The Blessing of Purity:God's Design for Holiness"

### 1. What is purity?

Purity is a commitment to live within the boundaries God has set for us.

▷▷ The design created by God is such that physical, mental, and spiritual intimacy is meant to occur exclusively through marriage. The effort and dedication to live according to God's designed plan of "striving and dedicating yourself" does not happen naturally; it requires continuous effort and struggle. Therefore, the key to maintaining purity lies in exercising your free will, which needs ongoing training.

When tempted through media, the internet, or interactions with the opposite sex, you must exercise free will. If inappropriate content appears when turning on the computer, it is necessary to leave that place. This is achieved by training the free will given to us by God. Purity involves guarding not only the body but also the thoughts. The standards for purity set by God are clear and precise. We should not set our own standard for purity; instead, we must find the definition of sexual purity in the Bible. As Matthew 5:28 states, "But I tell you that anyone who looks at a woman lustfully has already committed adultery with her in his heart." Just thinking lustful thoughts in the heart is considered adultery. Due to sinful nature, the battle for purity in both thoughts and body is a lifelong struggle that requires constant effort and wrestling until death.

## 2. What does God say about sex?

In the Bible, God never says you should not have sex. Rather, He says you should have sex only if you are married. God is the creator of sex, and He knows that we should consider sex to be sacred until marriage. Otherwise, there will be major negative consequences.

▷▷ Sexual relations are meant to be enjoyed within the framework of marriage, and stepping outside that framework is considered a sin. Purity involves preserving that framework. When you go to the beach, you can see orange buoys that designate the area where swimming is allowed. We can enjoy swimming enough within the boundaries set by the orange buoys and they are well-appreciated safety measures for us. Choosing to go beyond those boundaries would be dangerous.

Similarly, God has already spoken through His word, warning us of the danger of going outside the framework of marriage and emphasizing the importance of maintaining purity. As mentioned in Lesson 3, marriage is intended for the purpose of conceiving life, and sexual relations within marriage are enjoyable.

Therefore, God created the institution of marriage. However, crossing this boundary before marriage can lead not only to the sin of pleasure but also to difficult consequences, such as unintended pregnancy, abortion, or becoming an unwed mother. Therefore, maintaining purity before marriage is truly crucial.

God did not explicitly say, "Dot not have sexual relations." However, it is more like a 'wait and yes' rather than a simple 'yes.' This is because sex created by God is so beautiful and fragile that waiting until marriage is advised to align with the purpose for which God created sex. It is emphasized that if this sanctity is not protected and purity is not maintained, we can suffer significant consequences.

In the Bible, it is stated in Ephesians 5:3, "But among you there must not be even a hint of sexual immorality, or of any kind of impurity, or of greed, because these are improper for God's holy people." Here, the term 'God's holy people' refers to believers or Christians, those who have become children of God through their faith. When we become Christians, we transition from being children of the devil to becoming children of God.

For example, imagine in the past, you were a beggar, and the King, who is God, passed by and chose you to become a prince or princess. However, upon coming to the palace, if you cannot let go of your beggar-like behavior, neglecting the fine clothes and delicious food, and instead go to the pigsty to eat and beg outside, what would that be like? Seeking immorality and impurity is similar to such behavior. As God's princess or prince, we need to live with dignity, and that is God's will and blessing.

God repeatedly emphasizes that adultery is a great sin. In 1 Corinthians 6:18, it is said, "Flee from sexual immorality. All other sins a person commits are outside the body, but whoever sins sexually, sins against their own body." Why does God emphasize this so much? Adultery is considered a significant sin because it involves sinning.

### 3. How does the world talk to someone who wants to keep purity?

The world has deceived us through the media, claiming that true love means giving everything. It whispers that if you don't have sexual relations before marriage, you won't be able to satisfy each other after marriage. However, this is a lie.

▷▷ In 1994, the Battista Research Group published in the Washington Post that "couples who firmly believe extramarital affairs are wrong have 31% more satisfying sexual lives than those who don't." It has been revealed that those who maintain purity before marriage enjoy the most satisfying sexual life after marriage. On the contrary, the reason why married couples may not enjoy a satisfying sexual life is often due to a lack of purity. The sexual aspect of marriage is not about technical skills but about the intimacy of getting to know each other throughout a lifetime. In cases where sexual relations occur in dating, it often leads to broken relationships without getting married, creating a situation where both people may end up hurting each other or being used by each other.

## 4. Since we know that we are purchased with the blood of Jesus, how should we treat our bodies?

The Bible says, "Do you not know that your bodies are temples of the Holy Spirit, who is in you, whom you have received from God? You are not your own; you were bought at a price. Therefore honor God with your bodies" (1 Corinthians 6:9-20). Our bodies are described as temples of the Holy Spirit, created by God, and destined to be resurrected along with our souls when Jesus comes again. God highly values our bodies, and misusing them in immoral ways is not appropriate. We should keep our bodies pure and holy so that the Holy Spirit can dwell in them as a sacred temple.

▷▷ Another reason to keep our bodies pure is that our bodies have been redeemed by the blood of Jesus. Therefore, our bodies are invaluable and cannot be exchanged for anything in the world. Since our bodies are meant to bring glory to God, we must refrain from immorality. Failing to maintain purity can lead to the consequences of sin, with one of the most severe being sexually transmitted diseases (STDs).

### 5. Why do we need to maintain our purity?

- God created our bodies (God commanded us to keep our bodies pure).
- God sent Jesus Christ to die on the cross to pay for our sins.
- All other sins are outside the body, but sexual sins are within the body. Our body is the temple of God, so we must keep it clean.
- Maintaining purity is not only the greatest gift to your future spouse but also the best gift of biblical sexual education to your future children.
- Satan fears those who wear the garment of purity and live a holy life. In a spiritual battle, the easiest victory comes to those who live pure and holy lives, meaning those who maintain purity.

### 6. Do you think it is easy or hard to maintain our purity?

The leader needs to emphasize that purity involves guarding not only the body but also the thoughts. It is highlighted that this can only be achieved through training your free will. Additionally, it is emphasized that as bodies are redeemed by the blood of Jesus, we should avoid committing acts of immorality.

It is challenging but it does not mean it is impossible. This world mocks and attacks those who seek to maintain purity under the name of culture. However, even now, many faithful Christians in this world maintain purity and have happy marriage lives. The sexual relationship between spouses within marriage is holy and pleasing to God. By keeping purity, we can receive the best and highest gifts from God. Waiting for that day, practicing self-discipline with the help of the Holy Spirit, and bearing the fruits of purity leads to a blessed married life. Christians should become people who wait, anticipate, and expect that day.

## "Band-Aid" Activity

### Instructions:

Note) Appropriate for High School Students

1. Distribute two Band-Aids to all students.
2. Attach one Band-Aid to the back of the right hand and the other to the back of the left hand.
3. Instruct students to take the Band-Aid on their left hand and stick it on their forehead, nose, cheek, neck, and arm. Then, ask them to stick it back on their left hand. Instruct them to shake both hands.

### Group Leader Explain:

As Band-Aids are moved around, they tend to lose their sticky adhesiveness. The Band-Aid activity shows that, when repeatedly repositioned, it gradually loses its

adhesive strength and seems as though it is about to fall off. In contrast, Band-Aids that have remained attached from the beginning to the end on the back of the right hand remain firmly in place due to their strong adhesive strength.

According to a survey conducted by the University of Chicago, married couples who engage in monogamous sexual activity exhibit the highest level of sexual satisfaction, with 87% indicating the highest level of satisfaction. This experiment demonstrates that engaging in sexual activity with multiple partners disrupts brain circuits, leading to a weakening of the bond between spouses over time.

The reason why God made sexual relations to be between one man and one woman is because there is a special blessing from God awaiting those who wait for marriage with purity (strong bond and highest satisfaction). Engaging in sexual activity with multiple partners is stealing the intimacy and bond that should be enjoyed by a future husband and wife. The intimacy and bond felt initially cannot be replicated, no matter how hard one tries or seeks it with more partners. Due to this bond, when young men and women engage in sexual activity and then separate, the bond they form breaks and may hurt each other spiritually, mentally, and physically.

## Bible Study

### STDs

※ **What kinds of sexually transmitted infections (STDs) are there? What are the symptoms?**

- HPV (Human Papillomavirus): It is the most commonly transmitted sexually transmitted infection. It can be easily transmitted through various routes, not just through sexual contact.
- HPV-Related Risks: HPV is associated with various cancers, with a high likelihood of causing cervical cancer (70% chance) and 95% of anal cancers are linked to HPV type 16.
- Symptoms: Many cases of HPV infections are asymptomatic, making it difficult for individuals to know if they are infected. There can be a latency period of 10-12 years.
- Approximately 80% of sexually promiscuous individuals will contract HPV at some point.
- CDC estimates that youth ages 15-24 account for almost half of the

26 million new sexually transmitted infections that occurred in the United States in 2018.

- In 2022, more than 2.5 million cases of syphilis, gonorrhea, and chlamydia were reported in the United States. (CDC 2022)
- Adolescents and young adults aged 15-24 accounted for half (49.8%) of reported cases of chlamydia, gonorrhea, and syphilis, the CDC found. Gay and bisexual men were also more likely to have reported STDs. (USA Today 2022)

▷▷ Sexually transmitted Diseases are a serious topic that is important to be aware of. The term STD (Sexually Transmitted Disease) is commonly used, but in recent trends, in the United States, the term STI (Sexually Transmitted Infection) is preferred. The shift from "disease" to "infection" is made to avoid the connotations associated with an incurable or severe illness, as infections imply that with medication, you can recover. This choice is especially relevant in sex education materials for children. It is crucial to understand that not all STIs can be easily cured with a single round of medication. For instance, the most common STI, Human Papillomavirus (HPV), is incurable, and Human Immunodeficiency Virus (HIV) is also not curable. The variety of STIs is extensive, and it is essential to recognize that some STIs cannot be completely treated.

HPV is causing the ongoing occurrence of sexually transmitted diseases due to over 100 new forms of viruses. In addition, there are so many new sexually transmitted diseases emerging so it is hard to determine the exact number. As of 2015, according to the Centers for Disease Control and Prevention (CDC) report in the United States, only 14 sexually transmitted diseases are treatable. Diseases beyond these 14 may require a lifetime of medication or can lead to the transmission of other diseases through sexual contact, potentially resulting in loss of life. According to the CDC, as of 2018, one in five people in the United States is affected by a sexually transmitted disease, and there are 26 million new cases each year. [11]

According to a study on sexually active teenagers in the United States, the results indicate that in 1960, 1 in 60 teens had a sexually transmitted disease and in 1970, it was 1 in 47. However, the current rate is reported to be 1 in 2. This suggests a serious situation in the United States.

- There are many types of STDs (sexually transmitted diseases), and the most common one is HPV (Human Papillomavirus).
- HPV sounds like a single virus, but it is actually a family of over 200 viruses.
- There are many ways to contract HPV. Since it is a virus, even a kiss can transmit it.
- There are low- and high-risk types of HPV.
- The two high-risk variants (Type 16 and 18) can cause the following cancers:
  - · Cervical cancer
  - · Anal cancer
  - · Oropharyngeal cancer (Mouth and throat cancer)
- There is an incubation period of 10 to 12 years when the carriers are not aware of having contracted HPV. Even if no symptoms are showing, you can still transmit HPV to others.
- Currently, 110 million people in the U.S. have HPV, and 50% of them are between the ages of 15 and 20. CDC(2008)
- If you are sexually active with multiple people, you have an 80% chance of contracting HPV.

HPV is primarily a virus that manifests in the genital area, but it is not exclusively transmitted through sexual activity. This is because it is a viral infection. Even if a person does not exhibit any symptoms, they can still transmit the virus to others. While HPV itself does not lead to death, being infected with it can significantly weaken the immune system. Both men and women can develop genital cancers due to HPV, and these cancers can spread to the rest of the body. In addition, HPV infection can lead to infertility and may even result in oropharyngeal cancer.

The danger lies in the fact that people are more likely to die from the metastasis of cancer caused by HPV in a compromised immune state than directly from the HPV virus itself. The likelihood of developing cervical cancer due to HPV is 70%, and 95% of anal cancers are associated with HPV type 16. As of 2007, over 110 million people in the United States were infected with sexually transmitted diseases, with 50% of these cases occurring in adolescents and young adults aged 15 to 24.

HIV, the virus that causes AIDS (Acquired Immunodeficiency Syndrome), is transmitted through various means such as blood transfusions, sexual contact, and sharing of needles. Initially, people may experience symptoms like coughing and fever, similar to a common cold. However, over time, the immune cells in the body are gradually destroyed, leading to immune system impairment. This weakened immune system makes individuals susceptible to infections caused by viruses, bacteria, fungi, and parasites, and can result in malignant tumors such as skin cancer, ultimately leading to death. In 2014, the Centers for Disease Control and Prevention (CDC) in the United States reported that 70% of new HIV cases were among gay and bisexual men. Additionally, according to CDC data from 2015, homosexual men accounted for 70% of all HIV cases in the United States.

In South Korea, it was reported that three people were infected with AIDS in 1986, but by 2018, there were 1,206 new cases of AIDS reported. Approximately 17,500 people were estimated to be cumulatively infected within South Korea. Among them, 91.2% were male, and of these, 60-70% identified as homosexual men. This indicates that gay and bisexual men in South Korea are much more likely to be exposed to HIV and sexually transmitted infections than the general population.

HPV has an incubation period of 10 to 12 years, during which 90% of people show no symptoms. Therefore, even though they may appear healthy on the outside, they could be carriers of the sexually transmitted infection. Similarly, HIV also has an incubation period of 10 to 15 years, during which it may not show.

Timothy 4:12 in the Bible states, "Be an example to the believers in word, in conduct, in love, in spirit, in faith, in purity." This expression encourages maintaining pure faith, pure thoughts, and a pure body. Therefore, one should eliminate impure and negative thoughts and strive to keep the body clean and holy, preparing oneself to be a person of God. Samuel, Daniel, and Isaac were men of faith who pleased God from their youth. Being an example of faith from a young age, as they were, is considered highly important.

Is there a way to avoid contracting sexually transmitted infections? There is only one way. As God has already mentioned, it is to wait until you get married. We are to keep our purity until marriage and even after getting married we need to stay committed to each other, creating a holy and pure home. This way, we can be completely free from sexually transmitted infections.

## Think Deeper "Fire & Sex"

Note)
The instructions are divided into a boys' group and a girls' group for the learning process.

Purpose:

To compare the effects of fire and sex.

1) List all the benefits of fire. Describe how fire can improve our quality of life.
2) List all the benefits of sex in our life. Describe in parallel with the benefits of fire, how sex can improve a relationship between two people.
3) List all the dangers of fire. Describe how fire can cause dangers in nature as well as human life.
4) List all the dangers of sex in our lives. Describe in parallel with the dangers of fire, how sex can create irrevocable damages physically, emotionally, mentally as well as financially.
5) Discuss in your group about the positives and the risks associated with sex.

| | Fire | Sex |
|---|---|---|
| Positive/<br>Benefits | Cook<br>warmth<br>sanitization/kill germs<br>Light/Brightness<br>Refinery (gold & oil) | Unity/Intimacy<br>Procreation/Birth/Family<br>Recreation/Pleasure<br>Fulfillment of God's will |
| Negative/<br>Dangers | Destruction<br>Pollution<br>Injury<br>Deform | Unwanted pregnancy<br>STDs<br>Broken Heart/Bitterness in a relationship/Broken Family<br>Fornication (sex before marriage)<br>Adultery (sex outside marriage) |

## Think Deeper "Myths about sex"

(Appropriate for high school)

Satan has succeeded in deceiving us through mass media with false messages such as ugliness or being overweight is a sin, love should be a relationship where everything is given, love is an exciting emotion, etc.

Satan, being the father of lies from the beginning, has exceptional talent in lying. Satan is employing all his means to destroy the families created by God.

Satan knows that corrupting people sexually is the most effective way to destroy the families of future generations who will become husbands and wives. Therefore, with many false pieces of information about the gift of sexuality that God has given, our discernment is being blurred. Satan tempts us with his sweet lies that it is ok to enjoy having sexual relationships without marriage. Let's explore three misconceptions about sexuality and how it messes up the lives of future generations.

* Students read #1-3 below and share with each other why this is wrong, then the leader explains.

**1. Sex is good because God created it. Therefore, enjoying sexual activity is good.**

In Ephesians 5:3, it says, "But among you there must not be even a hint of sexual immorality." It is true that sex, created by God, is beautiful, and it is true that God desires us to enjoy it to the fullest extent. If God did not give us sexual desire, we would not have children, and this world would have fallen into serious problems. Therefore, we must understand the purpose of sex created by God. From the beginning, God planned sex as a blessing where one man and one woman through marriage trust each other and become spiritually, mentally, and physically one. The union of two people in a covenant relationship is an act that pleases God and is a holy act. Through marriage, God desired us to live a happy life enjoying the gift of sex along with many other gifts. However, all sexual relations outside of marriage are wrong. Sex outside of marriage, which God did not plan from the beginning, is never pleasing to God.

**2. If you love each other, having sex is natural.**

This generation has become accustomed to associating sex with the word "love." This is because media has spread the lie worldwide that if you love someone, you must have sex. As a result, the meaning of love has been completely distorted. Over 90% of all popular songs describe love, constantly singing the message, "If you love, you should have sex." What is the true meaning of love? The definition of love should be sought in the Word of God, the source of love. In 1 Corinthians 13, the definition of love is found. Love is patient, kind, does not envy, does not boast, is not proud, does not dishonor others, is not self-seeking, is not easily angered, keeps no record of wrongs, does not delight in evil but rejoices with the truth, always protects, always trusts, always hopes, always perseveres.

It is to love the other person with the love with which God loved us first. Someone who desires a physical relationship shortly after meeting is not someone who truly loves you but someone who desires your body. When starting to date, if the person you date talks about setting boundaries and keeping purity, then he/she is more attractive. If you are a mature Christian, you would seek after such a person. Love is not about falling in love at first sight. True love is about spending a long time together, communicating, and getting to know each other. When you truly love that person, you want to protect them even more and you respect their opinions.

**3. It is wise to live together before deciding to get married.**

First and foremost, in marital relationships, the most important thing is not the physical aspect. While physical intimacy holds significance in married life, what's more crucial is understanding and caring for each other and moving forward together towards the vision God has given. In many cases, sexual relations are perceived as technical. However, sexual intimacy is more about communication. It's about becoming more sensitive to each other's needs and respecting each other through communication. Therefore, in marital relationships, communication is far more important than sexual relations.

Many Christians are compromising their purity due to the lie that "if you don't have sex before marriage, you can't know if you are compatible with each other." Husbands and wives who have kept themselves pure until marriage are embarking on a new adventure through marriage. Throughout their lives, they will get to know each other more deeply, experience the joy of the highest level of physical intimacy, and find the greatest satisfaction. Ironically, if you engage in indiscriminate physical intimacy driven by lust, you may become indifferent to each other rather than growing closer. Eventually, this could lead to a relationship where you can hurt each other while drifting apart.

## Sharing and Prayer

We have learned about God who created man and woman, the marvelous God who created me, the God who trains us to be men of faith and wise women, and about dating that pleases God and values my body.

Let's take some time to share what we've learned through the PURITY course and
commit to how we will live our lives from now on.

1. How has your perception about marriage changed?
2. How has your perception about having
children through marriage changed?
3. How has your perception about abortion changed?
4. How will you strive to become a man of faith and a wise woman going forward?
5. How will you make efforts to engage in dating that pleases God?
6. What boundaries will you establish for dating?
7. How will you strive to maintain purity?
8. What kind of faith-based family do you want to build in the future?
9. How do you want to raise your children in the future?
10. When someday we stand before God after taking our last breath, what kind of praise do you want to receive?

PURITY Biblical Sex Education is not your typical church program. It is a process that prepares our young generation to become holy and pure, understanding the heart of God who seeks those who are pure in this evil and rebellious last age. PURITY trains our young generation to become game-changers who will transform the world. It is our hope to become holy children of God, the ones Satan fears the most, and to have a holy influence on this world.

## LESSON FIVE HOMEWORK

1. Remember to watch the movie *War Room* with your family. write your response on the given review sheet.

LESSON SIX

# Purity Ceremony

The purity ceremony is a time to pledge to God, based on what has been learned, to uphold spiritual purity as the bride of Jesus. It is also a commitment before God, parents, and friends to maintain both mental and physical purity for the sake of future spouses. For parents, it is a time to acknowledge that their children are God's children before being their own, vowing to raise them according to the purpose for which God has given them. It is a commitment to be a spiritual role model as parents, consistently meditating on and obeying God's word, teaching what it means to live a life that pleases God without compromising with the world, and training them to discern what aligns with God's will.

Above all, it is a time of confession, acknowledging that all of these things can only be done with the wisdom and faith given by God, not through the strength of parents. Students participating in the covenant ceremony are pledging to seek wisdom and advice from family and friends to lead a pure life. Recognizing their own weaknesses as sinners, they commit to always be armed with the full armor of God, seeking His help to resist temptations. It is a time to express gratitude to God for providing the best and perfect gift as seen in the purity ring on their hands, and to make a commitment to maintain spiritual, mental, and physical purity. It is a pledge to live a life of influence as children of God, impacting the world through a pure life.

## Materials Needed

- Letter written to mom (the letter written in Lesson 2)
- Purity ring
- Certificate of completion for biblical sex education
- Parent vow and student vow

## Purity Ceremony Schedule

| Program | Total Time: ~2 hrs | Description |
|---|---|---|
| Entrance of the students | 10min | Standing applause and students enter by class |
| Prayer | 5min | Pastor |
| Luncheon | 40min | Slide show (video or picture) of the last five weeks at the end of the meal |
| Message | 10min | Pastor |
| Testimony | 10min | 2-3 students |
| Letter to mom | 5min | Students read their letter to their mom (from Lesson 2) |
| Presentation of certificate of completion | 20min | The pastor gives the certificate to the students<br>Pastor gives the ring to the parents |
| Purity vow by students | 10min | The leader (a student or a teacher) reads the vow and the students repeat |
| Purity vow by parents | 10min | The pastor reads the vow and the parents repeat |
| Purity Ring Ceremony & Parent's prayer for their children | 10min | Parents give the ring to their children<br>After putting the ring on their finger, parents will then have a time of prayer for their child. |
| Closing prayer & benediction | 3 min | Pastor |

Note)
The Purity Ceremony is a precious time where, based on the knowledge gained over four weeks, participants make a commitment before God, parents, and friends to live a pure life. Girls are encouraged to wear a white dress, while boys should wear a suit to solemnize the ceremony. It is recommended to prepare a silver or gold ring and engrave "true love waits" inside the ring. The parents pledge to raise their children in purity, and this time of prayer and blessing for the children will be an unforgettable moment. Creating an atmosphere similar to a wedding ceremony, using balloons, ribbons, flowers, etc., can make the ceremony impactful.

## Appendix #1

### Parent Interview Questionnaire

Student Name:__________ Grade:________

Please provide detailed answers to the following questions:

1. Why did you decide to enroll your child in the Biblical sex education (PURITY) class?
2. Have you ever discussed sexuality with your child? How much do you think your child knows about sexuality?
3. Have you ever looked for educational books on sex education for your child? If so, what books have you found?
4. Are there media or phone usage rules at home?
5. Do you have internet safety measures in place for your child?
6. Has your child ever been exposed to pornography? If so, how did they come across it? (e.g., media, friends) If your child has been exposed to pornography, how did you address it?
7. Can you commit to keep praying and showing interest in your child after Biblical sex education? Do you have any specific plans in place for this purpose?

- Before launching the program, we require each family to participate in a one-on-one parent interview. This is to understand how well parents are informed about their children's sex education and their level of interest in the subject. The parents need to understand that this program is not solely the responsibility of the church, but it is a collaborative effort where parents actively contribute. Additionally, these interviews will give insight on the perspectives of family values and faith. It is essential to complete parental interviews before the commencement of the program because we need to understand the extent of parents' concerns and their interest of their child's sex education. This will establish a foundation for ongoing support. It is crucial to convey to parents that their active participation is highly recommended, both during and after the sex education program. Some parents may be concerned that providing early sex education to their children might have adverse effects.

## Appendix #2

### Student Interview Questionnaires

Student Name:__________ Grade:________

Ring size:__________ (Measure student's ring finger size for the purity ring)

1. What do you want to learn from this Purity program?
2. Do you think we are from animals? What do you think about evolution?
3. What is the difference between humans and animals?
4. What do you think is the best age to start dating?
5. What do you think about marriage? Are your thoughts positive or negative?
6. When does life begin?
7. What do you think about pregnancy? If you get married in the future, how many kids do you want to have?
8. Is homosexuality a sin?
9. Have you learned about gender identity in school or anywhere else?
10. What do you think about gender identity? How should you get along with homosexual friends?

## Appendix #3

### Parent Orientation

It is advised to conduct a parent orientation session separately, about a week before the start of the Biblical sex education program. During this one-hour session, parents will be informed about the materials they need to prepare and the collaborative efforts expected from them. One important assignment during the parental collaboration is to have a weekly family movie night. Parents need to purchase or rent a movie, watch it together with their children at home, and then engage in a discussion about what they learned from the movie. The purpose of watching and discussing movies is to foster ongoing communication between parents and children even after the sex education program ends. This aims to encourage the conversation about sex education through continued dialogue in the family.

First week movie: *Courageous*

Second week movie: *Fireproof*

Third week movie: *Facing the Giants*

Fourth week movie: *God's not dead 1 (2014)*

Fifth week movie: *War room*

### Discussion questions after each movie

1. What is the title of the movie you watched?
2. Who did you watch the movie with?
3. After watching the movie, what conversations did you have with your parents?

4. What did you learn from the story? What aspects can you apply to your current life?
5. What aspects of the story can be applicable to your future self (10-15 years from now)?

**Items prepared by parents**

**Parent Orientation**

First Week

- Prepare gifts for the children and submit them to the teachers confidentially.

Gifts for the Children:

- Boys' parents: Prepare a gift bag with deodorant, shaving cream, a razor, a jump rope, and a love letter written to your son.
- Girls' parents: Prepare a gift bag with a pouch, three sanitary pads, underwear, wet wipes, and a love letter written to your daughter.
- Include multiple ultrasound pictures taken during your child's pregnancy.
- Family Movie Time : Watch the movie *Courageous*.

Second Week

- Fruit Preparation: Pack a backpack with a large fruit (watermelon, honeydew, or pumpkin) weighing approximately the same as your child did at birth. Include four 500ml water bottles in the backpack.
- Family Movie Time : Watch the movie *Fireproof*.

Third Week

- Love Language Test and Sharing
  - Conduct a love language test for family members.
  - Parents should take the love language test for themselves and their children.
  - Share the results and discuss each family member's love language.
- Optional Activity: Preparation for foot washing ceremony: prepare towels, socks, and soap. The basin can be provided by the church.
- Family Movie Time : Watch the movie *Facing the Giants*.

Fourth Week

- Family Movie Time :Watch the movie *War Room*.

Fifth Week

- Purity Ceremony

Girls: Dress in a white dress.

Boys: Semi-formal attire, including black pants, a white shirt, and a tie.

Purity Ceremony

# Student Vow

On this day, __________ (date) of ______ (year),
I make this promise before God, family, friends,
and spiritual leaders to live a life of purity as God intended.
I know that I am created in His image for His will.
I will do my best to obey God by maintaining my purity.
I ask for prayer and guidance from my family and friends.
so that I may uphold this important promise I make tonight.
This ring is a symbol of my commitment
to wait for the best that God has for me.
I will wear this ring with faith and hope to live a life that
honors God.
May He give me the strength to live a life of purity and
bring honor and glory to Him.

***Date:*** ________________

***Signature:*** __________________

Purity Ceremony

# Parental Vow

Tonight, I promise to God as a parent of my child that
I will guide my child with His word
to live a life of purity as God wants.
As a parent,
I will teach my child with His words,
and I will not stop praying and asking for help
to guide my child with love and prayer.
This ring is the promise to my child that
I will do my best to establish a family under God.
Tonight, I promise to God that as a parent,
I will be a guiding star and a faithful parent for my child.
Please, God, watch over and lead my child!

***Date:*** ________________

***Signature:*** ________________

Certificate
of
# PURITY

_______________ (Student Name)

is presented with this certificate
on ________(Date) of ______ (Year)
by _______________ (Church)
for vowing before God, family, friends,
and spiritual leaders
to live a promised life of purity
according to God's purpose for us.

## 추천도서

《우리자녀 성경적 성교육 시리즈》 개정판 10권, 규장, 다음 세대 연구소

《하나님 방식으로 자녀 키우기》, 존 맥아더, 디모데

《No!라고 말할  아는 데이트》, 헨리 클라우드, 존 타운센드, 좋은씨앗

《내 아들을 남자로 키우는 법》, 제임스 답슨, 비전과리더십

《5가지 사랑의 언어》, 게리 체프먼, 생명의 말씀사

*The 5 Love Languages: The Secret to Love that Lasts,* Gary Chapman, Northfield Publishing

*Life on the Edge, Dr. James Dobson,* Tyndale Momentum publishers

*Will Thay Stand,* Ken Ham

*Facing the Facts the truth about sex and you,* Stan and Brenna Jones

*What the Bible says about Parenting,* John MacArthur, Thomas Nelson

*Boundaries in Dating: How Healthy Choices Grow Healthy Relationships,* Henry Cloud and John Townsend, Zondervan

*How You Are Changing: For Girls 9-11 - Learning About Sex,* Jane Graver, Concordia Publishing

*How You Are Changing: for Boys 9-11 (Learning About Sex),* Jane Graver, Concordia Publishing

*Sex & the New You: For Girls Ages 12-14 - Learning About Sex,* Concordia  Publishing, Concordia Publishing

*Sex & the New You: For Boys Ages 12-14 - Learning About Sex,* Concordia Publishing, Concordia Publishing

## 주

1) After School Satan. thesatanictemple.com. https://thesatanictemple.com/pages/after-school-satan
2) After Satan Clubs put the heat on lauds target 47 Elementary schools. LA School Report
https://laschoolreport.com/after-school-satan-clubs-put-the-heat-on-lausd-target-47- elementary-schools/

3) Over Half of U.S. Teens Have Had Sexual Intercourse by Age 18, New Report Shows. (2017, June 22). Centers for Disease Control and Prevention. https://www.cdc.gov/nchs/pressroom/nchs_press_releases/2017/201706_NSFG.htm

4) Sexual behavior, depressive feelings, and suicidality among Estonian school children aged 13 to 15 years. (2010, October 27). National Library of Medicine. https://pubmed.ncbi.nlm.nih.gov/20573606/

5) 임정환 (2023, December 15). '결혼에 부정적' 20대 여성 이렇게나 많았나…10명 중 7명꼴. 문화일보.https://munhwa.com/news/view.html?no=2023121501039910018009

6) Ken Ham (2020, October 6). Canadian Billboard Says "The Most Loving Gift" Is Having Just One Child. Answers In Genesis.https://answersingenesis.org/culture/canadian-billboard-says-most-loving-gift-is-having-one-child/?utm_source=articlesmedia&utm_medium=email&utm_term=20201010&utm_content=1-banner-cta&mc_cid=5ae791e1f1&mc_eid=badc90adab

7) Bailey J. Michael D. Nicholas M. (2000, March). Genetic and Environmental Influences on Sexual Orientation and Its Correlates in an Australian Twin Sample. Research Gate. https://www.researchgate.net/publication/12572213_Genetics_and_Environmental_Influences_on_Sexual_Orientation_and_Its_Correlates_in_an_Australian_Twin_Sample

8) McIntosh B (2019, August 29). There's (Still) No Gay Gene. Harvard Magazine.https://www.harvardmagazine.com/2019/08/there-s-still-no-gay-gene

9) Smith S (2019, October 22). Suicide rate for kids ages 10 to 14 nearly tripled in last decade:CDC. The Christian Post.https://www.christianpost.com/news/suicide-rate-kids-ages-10-to-14-nearly-tripled-last-decade-cdc-233530/

10) 황금비 (2019, October 19). 미국 성소수자 학생, 성폭행 당한 경험 3배 이상 높아. Hani. http://m.hani.co.kr/arti/international/america/756444.html#cb#csidx19b173e54494cbba128f499ff5aafef

11) CDC estimates 1 in 5 people in the U.S. have a sexually transmitted infection. (2021, January 25). Centers for Disease Control and Prevention.https://www.cdc.gov/nchhstp/newsroom/2021/2018-STI-incidence-prevalence-estimates-press-release.html